「幸福の種」はどこにある?

禅が教える 人生の答え

枡野俊明

PHP文庫

○本表紙図柄＝ロゼッタ・ストーン（大英博物館蔵）
○本表紙デザイン＋紋章＝上田晃郷

序「はからいごとから解き放つ」
――まえがきに代えて――

人生とは何なのだろう。自分の歩むべき道はどこにあるのだろう。はたまた、これまで自分が歩んできた人生はこれでよかったのだろうか。

行く道を按《あん》じ、来た道を振り返る。誰もがそんな思いを抱えながら生きているのではないでしょうか。

「わが人生の答え」。そんなものを追い求めながら生きている。それは必ずどこかに落ちているはずだ。どうにかして、それを手に入れたい。いや、もしかしたら、すでに手に入れているのかもしれない。あるいは、落ちていた答えに気がつかなかったのかもしれない。

時に一粒の答えらしきものを見つけて歓喜の声を上げたり、時に何もない絶望感に苛《さいな》まれたり。喜びと苦しみを交互に味わいながら生きている。人間とはそういうものかもしれません。

「わが人生の答えはこれだ」と言いきる人たちもいます。「人生の答えが晩年になってさえ分からない」と嘆く人たちもいます。あるいはせっかく見つけた「答えらしきもの」に、みごとに裏切られる人もいるでしょう。

では、その中で、どの人の人生が善《よ》きものなのか。その答えは、「どの人の人生も素晴らしきものである」ということだと私は思っています。

二十代の時には、一生懸命に輝かしき答えを追いかければいい。三十代、四十代の時には、「これこそがわが人生の答えだ」と自信をもって進めばいい。たとえそれが根拠のない自信であっても、自分が歩く道を信じることです。

そして五十代、六十代を過ぎてくれば、それまでの「答え」に執着することなく、新たな人生を見つめ直していけばいい。静かに自分が歩んできた道を内省しながら、「本来の自分自身」にたどり着く道を見つけることです。

「人生の答え」は、けっしてひとつではない。それぞれの人たちに、それぞれの答えがある。ひとつの人生の中にさえ、星の数ほどの答えが隠されている。

そして、その一つひとつの星は、どれもがキラキラと輝いているわけではありません。たとえ今、輝きを放っていたとしても、いつかはその輝きがくすんでくる。今は暗闇に隠れている星でも、未来に輝きを放つこともある。

もしも「人生の答え」なるものがあるとすれば、それは人生を歩く中でどんどん移り変わっていくものなのかもしれません。その中のひとつの答えをしっかりと手にしようとすることは、霞《かすみ》の中の一粒の水滴をつかもうとする行為に似ている。私はそう思います。

＊

禅の世界における「答え」とはいったい何なのか。そういう質問を受けることがありますが、これはなかなか説明できるものではありません。なぜなら禅の世界には、「答え」という発想さえも存在しないからです。

お釈迦様をはじめとして、古くからたくさんの高僧が悟《さと》りを開いてきました。悟りを開くことを「大悟《だいご》」というのですが、これにたどり着くためにはすさまじい修行が必要になってきます。来る日も来る日も修行に明け暮れ、生涯を修行に捧げた禅僧たち。そうして最後に見えてきたものが「仏」であり「真理」というものなのです。

修行の先にたどり着いた「仏」。これはけっして目に見えるものではないですし、「これが仏だ」と開示できる類《たぐい》のものではありません。

禅の世界では、昔こういう問答がなされました。

弟子が禅師に問います。

「禅師様。仏とはどういうものですか」

それに対して禅師は答えます。

「仏はそこら中にいるではないか。その辺の垣根や壁、足下に落ちている石の中にいる。みんな丸出しの姿でいるではないか」

なんとも理屈にならない答えです。禅師がいうことを噛み砕いていえば、「仏とは、はからいごとのないところにこそ存在している」ということになるでしょう。

「はからいごと」。漢字で表すなら「計らい事」です。私たち人間の世界には、この「はからいごと」が溢《あふ》れています。

さまざまな物事を損得勘定で考える。自分にとって得をする方法はどれか。得をするために、周りにいかに対処すればいいか。損をした時には、それを取り返すためにどうするか。「我欲」を満たすために、他人を蹴落としてでも周りを変えようとする。互いの「はからいごと」がぶつかり合い、「計算」ばかりが世の中に溢れ出ている。こうした世界には、けっして「仏」の姿は現われるものではない。

禅師が伝えたいことはこういうことなのです。

＊

自然には何の「はからいごと」もありません。そこには計算や欲望がいっさい存在していない。美しく咲く桜の花。桜の木は、人間の目を楽しませてやろうとはからって花を咲かせるわけではありません。夏に吹くそよ風も、生きものたちに涼《りょう》を与えてやろうと吹いているわけではない。そこにはいっさいの意図や計算が入り込む余地がないのです。

大自然の中に身を置くと、人間は清々《すがすが》しい気分になります。ほんの一瞬であっても、自分の中に潜《ひそ》む我欲を取り払うことができる。現世で起きている嫌な出来事からも、少しだけ解放された気分になる。重くのしかかっていた不安感も薄らぐことがある。それはきっと、「はからいごと」のまったくない世界に身を投じるからだと思います。

私はいつも、身の回りの自然に目を向けてくださいといいます。時間に追いかけられている人たち。日々の生活に疲れている人たち。自分を見失いそうになるほどに、世の中の「はからいごと」の波に呑《の》まれている人たち。そういう人たちにいいます。

「あなたのそばにある、小さな自然に目を向けてください。駅に行く道端にも、たくさんの草花が咲いています。小さな石ころがあなたを見ています。そんな草花や石ころを、立ち止まって手に取ってみてください。冬から春に変わる日には、頬に当たる風も少しだけやさしくなります。ふっと、春の匂いが感じられます。そんな一瞬の自然を味わうことで、きっと心は和《やわ》らいできますよ」と。

これは、前述の禅師がいった、「仏はそこら中にいる」という問答に通じるものだと思っています。

「人生の答え」――人はどこかでそれを求め続けていることはよく分かります。みんながそれぞれの答えを見つけることができればいいと願っています。すべての人が「幸福の種」を見つけるための一助になれば。そういう気持ちで本書を記しました。

合掌

禅が教える人生の答え　目次

第2章　つながる温もりほど、大切なものはない

第3章 命の結びつきが心を溶かす

第4章　あなたの命は大切な預かりもの

第5章 「心の支度」をする

編集協力◎網中裕之

第1章

あなたの心の中にある「答え」を知る

生かされていることを知ってこそ、周りを生かせる

自然の中に佇《たたず》むと、私はいつも自分が生かされている存在であることを実感します。私たち人間の意思や意図に関係なく、季節は移り変わっていく。どんなに物事がうまくいかない時にも、そんなことはたいしたことではないとでもいわれているかのように、草木は生い茂り、花々が咲き誇ります。

あるいは出かけるのを楽しみに待っていた日に雪が降り、北風が身体をいじめたりします。私たちのはからいごとなど意に介さず、自然はその営《いとな》みを繰り返している。そんな自然の営みに比べれば、人間のはからいごとなどほんの小さなものに過ぎません。

私たちは自分の力で生きているのではない。何か大きな力によって生かされている。そのことに気がついた時、すっと心が軽くなるような気がするのです。

特に若いころには、私たちは自分の力で生きていると確信のようなものをもちがちです。今こうして生きているのは、自分自身の努力の賜物《たまもの》だ。仕事をしてお金を稼いでいるのも、日々の食事をとることができるのも、すべては自分自身の力である。周りから評価されたり、自分の目的を達成できた時には、すべてが自分の力量だと考える。ところが夢が叶わなかったり、望む評価がなされなかった時には、すべては周りのせいだと考えてしまう。

自分ばかりを褒め、他人ばかりを責め立てる。そしていつしか、はからいごとだけの世界にどっぷりとつかってしまう。それはけっして、豊かな人生とはいえないのではないでしょうか。

生かされている有難さを知った時、人間は周りのものも生かそうという発想が生まれてきます。周りのものを自分の都合に合わせようとするのではなく、まずは周りのもののためになることを考える。こうした姿勢こそが、禅の基本となる姿勢なのです。

たとえば私の元には、世界中から「禅の庭」を造ってほしいという問い合わせがきます。禅のもつ世界観が今や世界中で認められているのです。そのひとつの象徴として、「禅の庭」に対する要望が高まっています。

庭園造りの依頼を受けた時、日本から庭石を運ぶこともあります。もちろん現地で調達できればそれに越したことはないのですが、なかなか「禅の庭」にふさわしい石が見つからない時があります。そんな時には日本から石を運ばなくてはなりません。自然の中にあった石を人間の手で運ぶわけですから、そこには人間の「はからいごと」が生まれてきます。「禅の庭」にふさわしい石と考えること自体が、実は人間の意図が入っているわけです。まずはその心を取り払わなくてはなりません。

現場に運び入れられた石を、私は長い時間をかけて眺めます。このひとつの石を、どの場所にどのように据《す》えれば、石を生かすことができるのか。「この場所に据えなければいけない」などと決めつけることは絶対にしてはいけません。その石が据えてほしい場所を一生懸命に探す。つまりは「石の声」を心で聞くという作業なのです。

石には「石心《いしごころ》」がある。木には「木心《きごころ》」がある。草花や雨粒ひとつにも心がある。その心に耳を澄ますこと。これこそが禅の修行でもあるのです。石の声を聞いていると、その石がもつ隠れた表情がだんだんと見えてきます。その表情が見えた時、その石をどこにどのように据えれば、一番美しい姿に見えるかが自《おの》ずと分かってくるものです。一本の木を植える時も同じです。どこにどのように植えてほしいのか。木の声に耳を澄ますこと。これこそが、周りのものを生かすということなのです。

人間の社会も、これとまた同じであると思います。ついつい私たちは、周りの物事や人間を自分の都合に合わせようとします。「こうすることがあなたのためだ」といいながら、結局は自分の都合のいいように動かそうとする。他人を生かすふりをしながら、自分を中心に考えることがままある。まさに「はからいごと」の社会です。

邪念や我欲をすべて取り払うことはできません。またそうする必要もないでしょう。しかし、邪念と欲ばかりにとらわれていてはいけない。何らかの目的や夢をもつことは大切なことです。それらは生きる上での大きな支えにもなります。しかし、それだけに執着してはいけません。自分の夢ばかりに執着してしまうと、周りのものが見えなくなってしまいます。他の人があなたを支えてくれていることを忘れてしまいます。そして結局は、自分の夢さえも見失うことになるのです。

私たち人間は、自分の力だけで生きているのではありません。その力を発揮させてくれているのは、周りにある大きな力であることを忘れてはいけない。何も意識せずとも、私たちの心臓は動いています。自分が動かそうと思って動いているわけではない。ならばいったい誰が動かしているのですか。それは、有難い奇跡のようなものだと思うのです。その奇跡に感謝することです。生かされている有難さに目を向けることです。

自分が生かされていることに気づいた時、
目の前にある霧は、すっと消え去っていきます。

極めたかどうかを決めるのはあなた自身

「武術」と「武道」という言い方があります。同じように思いますが、実はこのふたつはまったく質が違うものです。「武術」というのは字のごとく戦うための技術を表します。いわゆる戦術と同じようなもので、いかに相手を倒すかというテクニックそのものです。一方の「武道」というのは、武術というものを通して、自らの生き方を極めていくことに目的があるのです。相手を倒すためのものではなく、自らの精神を磨いていくもの。その道のりこそが、まさに修行の道なのです。

道はそれぞれの人生にあります。みんなが同じ道を究めるものではありません。花によって極めようとするのが「華道」であり、書を書くことによって自分を磨くのが「書道」ということになります。最終的な目標は自らの人生を極めることであって、けっしてテクニックを磨くことではない。あるいはそれによって評価を求めることでもないのです。

仕事をしている時には、一生懸命に仕事によって自分を高めようとすることです。ただいわれたことだけをこなすのではなく、評価ばかりを気にするのではなく、自分自身を磨くために仕事と向き合うこと。こういう姿勢がもっとも大切なことなのです。

仕事によって自分をどんどん高めていく人もいれば、仕事がまったく人生の糧《かて》になっていない人もいます。その差はどこにあるのか。

仕事によって自らを高めていける人は、常に仕事に真正面から向き合っています。どんな辛《つら》い仕事であっても、反対にどんな簡単な仕事であっても、常に真正面から自分に与えられた仕事と向き合っている。「こんな仕事なんかばかばかしい」とか「こんな仕事をするためにこの会社に入ったのではない」などということなく、すべての仕事に対して真摯《しんし》に向き合っている。その積み重ねこそが、自らの仕事を極める唯一の方法なのです。

反対に、すべての物事を斜《しゃ》に構えて見る人がいます。真正面から受け止めることをせずに、物事を斜に構えて見ている。上司や先輩のいうことも素直に聞き入れず、どこか醒《さ》めた心で眺めている。こういう人は、テクニックだけは身につけるかもしれませんが、けっして道を極めることなどできません。うわべの評価は得ることができたとしても、本当の意味での満足感は味わえないでしょう。

自分を導いてくれる人を信じ、自分の目の前の道を信じること。ただひたすらに真正面から受け止めること。その先にこそ喜びがあるのです。

たとえば私たち僧侶が、師の教えにいちいち疑問を抱いていたとしたら、とても修行にはなりません。「仏なんかいるはずがない」「禅の道などまやかしだ」などと斜に構えていては、修行そのものが無になってしまう。仏はいると信じ、その仏に出会いたいと心から思うからこそ、いつの日かそこにたどり着くことができると信じられるのです。

「人生とは修行そのものだ」という言い方をしますが、まさにその通りです。自らが信じた道にたどり着くために歩み続ける。自分だけの生き方を極めるために努力を惜しまない。それは修行そのものです。

自分の生き方を極める。日々修行の気持ちで過ごす。そういうととても息苦しい気がするでしょうが、何も苦行を求めているわけではありません。

私がいいたいことは、何か自分のやりがいを見つけて、その道を一生懸命に歩くことなのです。他人の評価など気にすることなく、やりたいことを通して自分自身を磨いていくこと。それが人生の喜びであり、最終的な目的になると考えています。

たとえば定年後にゴルフを始めたとするなら、一生懸命に「ゴルフ道」を追求してみることです。それはスコアを上げるとか飛距離を伸ばすことではありません。一打一打に神経を集中させ、そこから何かを学び取っていく。テクニックを学ぶのではなく、その一打から人生を読み取っていく。大袈裟《おおげさ》なようですが、極めるとはそういうことだと思います。

絵画でも書道でも同じこと。ひと筆ひと筆に気持ちを集中させて、絵や書になりきって時間を過ごすこと。

禅語の中に「喫茶喫飯」（きっさきっぱん）という言葉があります。茶を飲む時には茶を喫することそのものになりきり、食事をする時には飯を喫することそのものになりきる。そのものになりきることの大切さを説いた言葉です。

「所詮《しょせん》ゴルフなんて暇つぶしだ」「特に趣味がないから絵を描いているだけだ」「どうせ歳なのだから、今さらたいしたことはできない」。そんなふうに斜に構えていれば、すべてが無意味なものになってしまいます。

「人生は所詮、死ぬまでの暇つぶしだ」などと斜に構えていう人がいます。私はそうは思いません。たとえ暇つぶしであったとしても、一生懸命に暇つぶしをすることです。

考えてみてください。会社を定年になってゴルフを始めることができる。山登りを趣味にすることができる。そんな幸せなことはありません。健康であればこそゴルフもできる。金銭に少しの余裕があればこそ旅行にも出かけられる。その幸せに感謝をすることです。感謝の心が少しでも芽生えてくれば、たとえ趣味といえども蔑《ないがし》ろにはできないでしょう。

ゴルフでもけっこう。山登りや旅行でもけっこう。それらと真正面から向き合うことで、あなたの人生は極められていくのです。

そして、その結果と周りの評価はまったく関係がありません。「これが私の極めたゴルフ道です」とひけらかすものでもない。極めたかどうかは、自分自身の心が決めることです。どんな道にも貴賤《きせん》や高低はありません。それは夢に貴賤がないのと同じです。

自らの生き方を極めることは、結局は自分でしか成し得ないもの。それが「道」というものです。

何事も斜に構えてはいけない。斜の中から「道」が生まれることはないのです。

「足るを知る」は、欲の大小ではない

　経済が優先される世の中では、お金のもつ価値が大変大きなものになっています。お金がたくさんあるほうがいい。お金さえあれば何でも手に入る。人生の幸福を勝ち取るためには、いかにたくさんのお金を稼ぐかが重要だ。本当にそうでしょうか。

　もちろんお金は大切なものです。お金がなければ、食べていくこともできません。家族を養い、人生を楽しむためにも、お金が必要であることは間違いありません。ただし、それがすべてではないことも心しておかなくてはならないと思うのです。

　初めのうちは、少ないお金で満足していた。家族が暮らしていければそれでいいと思っていた。ところが、少し多めのお金が入ってきたがために、もっとたく

さん欲しいと思い始める。何に使うかという目的などはないのですが、ただ銀行の預金通帳の残高が増えていくことに喜びを感じ始める。一〇〇万円、五〇〇万円、一〇〇〇万円と増えていくに従って、どんどんお金に対する執着心が強くなっていきます。

そうなれば今度は、それを失うことが恐ろしくなってくる。少しでも残高が減ると、もう不安で不安で仕方がない。もっているお金が増えるだけ不安や執着が増えていきます。お金に取りつかれた亡者《もうじゃ》です。

物欲というものが人間にはあります。これをまったくなくすことなどできませんし、またその必要もありません。適度な物欲は向上心にもつながりますし、生きる上での活力にもなるでしょう。

しかしこの物欲が度を越えた時、人は執着心の塊になるのです。物欲は留まるところを知りません。一万円の腕時計を手に入れた時は嬉しくても、すぐにもっと高価な時計が欲しくなる。一〇万円の時計で満足するかと思いきや、今度は五〇万円のものが欲しくなってくる。

いったい何本手があるのでしょうか。洋服ダンスを開けてみてください。そこには一度しか袖を通したことのない洋服がありませんか。買ったことすら忘れてしまった洋服が眠っていませんか。もしもそんなものが家中に溢《あふ》れているとすれば、それが物欲のなれの果てなのです。

「知足」（ちそく）という言葉があります。「足るを知る」という禅の戒《いまし》めです。不必要なものを欲しがるのではなく、自分にとってはこれだけあれば十分だと思える心。その心をもつことが、人生を生きやすくするコツだということです。「少欲の人は苦労することが少ない。多欲の人は苦労も多い」。そういう文言《もんごん》もお経の中にあります。お金を必要以上にもつということ。限りない物欲を追い求めること。それはすなわち、不要な苦労を生み出すことだと知ってください。

お金についてもうひとついえることは、使い方がとても大事だということです。いくらたくさんのお金をもっていたとしても、すべてを自分だけのために使っていたとしたら、そこに真の満足感は得られません。

私たちは死ぬ時にお金をもっていくことはできない。ならば余裕のあるお金があるとしたら、それを社会や他人の幸福のために使うことです。貯めることばかりを考えないで、上手に手放す術《すべ》を身につけることが大切だと思います。自分が喜ぶのではなく、誰かが喜んでいる姿を見ること。そこにこそ本当の充足感がある。本来人間とはそういうものなのです。

たとえばちょっとした例を挙げてみます。財布の中に小遣いが一万円残っています。会社帰りに釣り具屋に寄って、新しい釣竿を買おうとします。以前から欲しいと思っていた釣竿です。自然と足取りが軽くなってきます。

商店街を歩きながら釣り具屋を目指す。その途中に、たまたまおもちゃ屋を見つけます。ふと見れば、幼稚園に通うわが子が欲しがっていたおもちゃが目に入ります。値札を見れば、けっこうな値段がする。もしこのおもちゃを買ったら、自分が欲しかった釣竿は買えなくなってしまいます。どうしようかと考える。今日釣竿を買わなければ、今度いつ買えるか分かりません。

こんな時、きっとほとんどのお父さんはおもちゃを買うのではないでしょうか。自分が欲しい釣竿を諦めて、わが子におもちゃを買ってあげるのではないでしょうか。

それは、わが子が喜ぶ笑顔が、何よりの幸せであることを知っているからです。欲しい釣竿を買った時の喜びと、わが子の笑顔を見た時の喜び。それを比べた時に、何の躊躇《ちゅうちょ》もなくわが子に買ってやりたいと思う。それが親としての気持ちであり、結局は自分が幸福を感じられることだからです。

「知足」というのは、少ない欲で満足せよということではありません。それは、本当の満足とは何かを考えなさいということなのです。

今あるもので十分だ。そう思うことで、自然と心がやすらかになるものです。

人生の目標なんて、ぼんやりしているほうがいい

生きる上で、目標をもつことはとても大切なことです。目標や夢に向かって努力することで、私たちは自分を磨くことができる。もしもまったく夢や目標がないとしたら、それはとてもつまらない人生になってしまうでしょう。

ただし、目標というものに縛られてはいけません。日本人は生真面目《きまじめ》なところがありますから、つい目標というものに縛られがちです。一度立てた目標は、何が何でも達成しなければならない。達成できないことは悪であると。特に会社などではそう考えてしまいます。ですから、個々人の目標もとにかく具体的になっていく。四十歳には課長になる。五十歳には部長になっていなければいけない。売上は十年で倍にしなければならない。もちろんそこに向かって努力することは大事ですが、あまりに具体的な目標に執着しすぎると、それが叶わなかった時に

心が折れてしまいます。

四十歳になったのに、目標の課長になれなかった。ああ、もう私の会社人生は終わりだと。勝手に自分で終わらせてどうするのですか。そのくらいで人生が終わるものではありません。自分の将来像を描いて、そこに向かって進むことはいい。しかし、その将来像が人生のすべてではないことを知ってください。

目標ばかりに縛られることで、かえって生活そのものが窮屈になってしまいます。たとえば今は健康ブームで、ウォーキングなどを日課にしている人も多いでしょう。「毎日一〇キロは必ず歩く」。そんな目標を立てて、雨が降ろうが槍が降ろうがウォーキングに出かける。多少の熱があっても、とにかく歩かなくてはと必死になって出かける。挙句のはてに風邪をこじらせて寝込んでしまう。それこそ本末転倒ではないでしょうか。

あるお婆さんが、健康診断で医師からいわれました。「少し甘いものを控《ひか》えてください」と。そのお婆さんはお饅頭《まんじゅう》が大好物です。しかし医師からいわれたので、その日以来お饅頭を食べないという目標を立てたのです。初めのうちは身体のためと思って我慢できましたが、そのうちに食べたくてどうしようもなくなった。それでも我慢を続けるうちに、ストレスからかえって身体を壊してしまったのです。ウォーキングにしてもお饅頭を控えるにしても、目的は健康のためです。歩くことが最大の目的ではなくて、歩くことによって健康を維持することが本来の目的でしょう。目標を立てることはいいことですが、そこに執着しては何にもならないのです。

もう少し、気分を楽にして人生を歩いていくことです。目標などというものは、なんとなくぼんやりとしたものでいい。五十歳くらいにはこうしていたい。六十歳くらいまでにこれができればいいな。そんなゆるやかな目標をもつことで、人生は生きやすくなるのではないでしょうか。

六十歳までには家のローンを完済する。六十五歳までは何らかの仕事をする。七十歳になるまでに海外旅行を三回する。そして八十五歳まで元気で生きる。そんな目標を立てるのはかまいませんが、はたしてその通りに人生は運んでいくでしょうか。もしも予定通りに進んだとしたら、それはまたつまらないことだと私には思えます。

はっきりとした明確な目標。それは一瞬、眩《まぶ》しいような光を放ちます。その目標を達成した時には、輝かしい人生であるかのように感じます。しかしその輝きは、すぐに消えていくものです。輝きが消えたという不安感が、また眩しい光を求めさせる。そして、再び輝きを取り戻せるかどうかは分からない。

ぼんやりとした目標は、一瞬の輝きを放つことはありません。しかし、そのぼんやりとした光は、ずっと消えることなく自分の足下を照らしてくれる。ゆっくりと歩くには、ちょうどいい明るさです。歳を重ねれば重ねるほど、夢や目標はぼんやりしているほうがいい。私はそう思います。

絶対にこうするんだ。絶対にこうなるんだ。
そんなふうに思いつめないことです。
「できればこうする」くらいの塩梅《あんばい》で生きましょう。

「形」から入る

朝起きて朝の坐禅を組む時、朝のおつとめをする時には、きちんとした衣《ころも》に着替えます。そして、境内《けいだい》の掃除などをする時、私たち僧侶は通常作務衣《さむえ》と呼ばれる服を着ます。

これは僧侶の作業着で、とても動きやすく仕立ててあります。真冬の早朝などは寒さが身にしみますが、それでも作務衣に袖を通した途端に精神がきりっとしてくるものです。ですが作務衣のままでお経をあげるということはありません。

庭や堂内の掃除をするのですから、今の時代、機能面だけを考えれば、本当はどんな格好をしてもいいはずです。いわゆるジャージのような格好でも掃除はできます。もしかしたらそのほうが合理的かもしれない。それでも私たち僧侶は、絶対にそういう格好で境内や堂内を掃除することはしない。

あるいは坐禅を組む時でも、作務衣のままでやったほうが効率的かもしれない。しかし、やはりきっちりとした衣に着替えなければ、私たちは坐禅を組むことができないのです。

それは単なる習慣といわれればそうかもしれませんが、しかしそれだけではないような気がします。坐禅を組んで精神を集中させる。その大切な修行を始めるためには、まずは「形《かたち》」というものが重要なのです。

人間の精神というものは、実は着るものなどの「形」に大きく左右されるものです。どんな格好をしていても、精神を集中させさえすればいい。そう思うかもしれませんが、なかなかそれが難しい。やはりその場ややることに見合った「形」というものが人間にはあるのだと思います。

たとえばご葬儀の時には、皆さん礼服を着るでしょう。不思議なもので、きちんとした礼服を着た途端に、自らの立ち居振る舞いに神経がいくものです。どたばたと歩くことはなく、静かに歩くようになる。言葉遣いや所作なども、自然と落ち着いたものになってきます。ご葬儀の場であるということもあるでしょうが、やはり礼服を身につけることで心が整ってくるのです。

坐禅を組む時にジャージを着ていたとしたら、おそらく気持ちは集中しにくいでしょう。静かに坐っているよりも、身体を動かしたくなると思います。もちろんそんな経験はありませんが、私とてジャージ姿でお経を唱えることは想像しただけで難しいと思います。

とても服装が自由な時代になりました。ビジネスパーソンの人たちも、夏場はノーネクタイが当たり前になってきました。もっと進んだ会社などでは、ジーンズ姿で仕事をしているようです。できるだけ身体が楽な服装で仕事をする。それ自体はよいことだと思います。しかし、あまりその傾向が強くなりすぎるのもどうかと私などは感じています。

ジーンズをはいて髪の毛もぼさぼさ。不精髭《ひげ》も伸び放題。それでも仕事さえちゃんとやっていればそれでいいじゃないか。それもひとつの考え方ではありますが、本当にそれができるでしょうか。だらしのない姿をしていて、きちんとした仕事ができるでしょうか。どこかで仕事そのものがだらしなくなるのではないでしょうか。あるいは服装の乱れが、仕事のミスにつながることはないのでしょうか。

朝起きたままの格好で、パジャマ姿で仕事場に行ったとしたら、はたして仕事に集中できるか。おそらくはだらだらとした無為な時間が増えるような気がします。これは極端な話かもしれませんが、根っこは同じことだと思います。きちっとスーツを身につけて、髭を剃《そ》り落として、頭髪を整えてから出社する。そうすることで仕事に対する気構えができてくる。もっというなら、スーツに袖を通した時から、その日の仕事への準備が始まっているのです。

日常生活においてもそれは同じことです。どこにも出かけないからといって、一日中ジャージ姿で過ごす。近所のコンビニに行くだけだからといって、着替えもせずにジャージにサンダルをつっかけて出ていく。そんな生活をしていると、だんだんと精神が緩《ゆる》み、生活もだらしなくなっていくものです。

買い物に行くにも買い物に行くにふさわしい服装があります。家の掃除をする時にも、それにふさわしい服装がある。料理をつくる時には自然とエプロンをつけるように、私たちの行動にはそれにふさわしい「形」というものがあるのです。

まずは「形」を整えることです。そうすることで、これから自分がしようとする行動に気持ちを集中させることができます。どんな小さなことでも、一つひとつの行動に精神を集中させること。その積み重ねこそが大切なことだと禅は教えているのです。

「形」を整えることで物事に集中できるばかりでなく、それによって我欲が小さくなり、執着心も抑えられていくのです。

道を間違えたのならば、引き返せばいい

自分はどの道に進めばいいのだろうか。どんな仕事に就《つ》くのがいいのだろうか。自分の歩むべき人生の道はどこにあるのだろうか。そんなふうに思い悩む人たちがいます。特に若い人たちは、二十代で就職ということに直面します。やりたいことが明確に見えていない。やりたいことがあるけれど、やっぱり安全な道を選ぶほうがいいと思う。自分にはこれしかないと思える人は意外と少ないように思います。多くの人たちは自分の歩むべき方向が明確に見えていません。

しかし私からすれば、本当はきっとほとんどの人は自分の進む道が見えているように思えます。進みたい道は見えているけれど、そこに向かって一歩を踏み出せないでいる。自分の道が分からないのではなく、自分自身が勝手に分からなくしている。迷う気持ちを自分の中でつくり出しているような気がするのです。

たとえば小さいころから絵を描くことが好きで、絵を描く仕事をしたいと思っている。絵を描くことで生活ができれば、そんな幸せなことはない。ところが現実を見た時に、とても絵で生計を立てるのは難しそうだと思ってしまう。「絵で生活ができるはずはない」と決めつけて、本意ではない仕事に仕方なく就くことにする。それは、せっかく自分が進むべき道が見えているのに、その道を自らが拒否しているようなものです。ある著名な画家がこのようにいっています。

「絵なんかじゃ食えない。世間の人たちはそう口をそろえていいます。でも、もし絵で生活ができないとすれば、この世から画商は消えてなくなるはずです。画家や芸術家という人たちもいなくなるでしょう。ところが現実的には画商という職業はなくなっていませんし、世界中に画家として生活している人はたくさんいます。つまり、絵なんかじゃ食えないという言い方は間違っている。正確にいうなら、あなたの絵では食えないということになるのです。だから私は、食えるような絵を描くために必死に努力をしてきたのです」と。

まさにその通りだと思います。役者なんかじゃ食えない。会社を立ち上げることなんて無理だ。勝手に自分を納得させて諦めている人がたくさんいます。そうではなく、あなたの芝居では食えない。そんな努力では会社など経営できないということ。ならば食えるような役者になる努力をすること。本当に会社を立ち上げたいのなら、寝る間も惜しんで仕事をすること。そんな努力もせずに自分の道を諦めてしまうのは、とてももったいないことではないでしょうか。

どんな道も険《けわ》しいものです。平坦で楽な道ばかりを歩いていれば、そこに充足感や達成感などは生まれません。もしも「自分はこれをやってみたい」というものがあるのなら、とにかく一歩ずつ階段を上がる努力をすることです。長い長い階段でも、たった一〇段上がるだけで、目に見える景色は必ず変わっているものです。少しずつ変わっていく景色を目に焼きつけながら歩んでいく。それが人生を旅するということです。

そしてもうひとつ、自らの道を分からなくしている原因があります。それは他人との比較というものです。定年を迎えて、さてこれからの行く末を思い描く。会社にいたころには、ある程度の道は示されているでしょう。自分から道を探さなくても、会社が歩むべき道を示してくれる。その道を一生懸命に歩けばよかった。しかし定年後はそうはいきません。何をするにもまったくの自由です。自由というのは心地よい響きをもっていますが、裏を返せば自分自身で決めなければならないということ。やりたいことをやれますが、その結果はすべて自分のところに返ってきます。その重圧に気がついた時、自由であることがとても辛いものに感じたりするものです。

定年後に明確な目標をもっている人たちは幸せです。そういう人は「自由」を満喫することができます。その一方で、何も目標をもたないままに歳を取った人は、まるで砂漠に放り出されたような不安感に襲われます。道なき砂漠のどこをどう歩けばいいのか途方に暮れてしまう。そこで自分で考えることをせずに、なんとか他人からヒントを得ようとするのです。

隣のご主人は、定年後も再就職をして生き生きと暮らしているな。どうせ何もすることがないのだから、自分も再就職先を探そうか。でも、自分のキャリアでは簡単に仕事は見つからないだろうな。ああ、隣のご主人が羨《うらや》ましい。向かいの家のご夫婦は、ご主人が定年になって田舎暮らしを始めたみたいだな。のんびりと畑を耕《たがや》しながら暮らす。それもいいかもしれないな。しかし都会暮らしも捨てがたいし、考えてみれば畑仕事もしんどいだろうな。

誰かと比べて羨ましく思ったり、世の中に氾濫《はんらん》している情報ばかりに惑《まど》わされたりしながら、結局は自分の歩む道がどんどん見えにくくなっていく。

自分がどんな道を歩みたいのか。それは自分自身で考えることで、世間や他人と比べるものではありません。比較すればするほどに、人生の方向性はぼやけていくものです。よし、自分はこの道を歩いていこう。こっちの方向に向かって歩いてみよう。そう自分が決めればいいだけの話です。やりたいことをやればいい。行きたい道を歩けばいい。自分の心に素直になればいいのです。そして思った道ではないなと気がついたら、引き返してくればいいのです。

自分が選んだ道にさえ執着することなく、自然体でシンプルに考えることです。人生の道を複雑にしているのは、実はあなた自身であることに気づいてください。

どの道を歩んでいくのか。その答えは誰も教えてはくれません。その答えは、自分の心の中にしか存在しないのです。

選択肢が少ないことは幸せなこと

情報化の時代だといわれています。インターネットなどのさまざまなメディアを通して、膨大な情報が簡単に手に入るようになりました。昔の社会というのは、せいぜい自分が暮らしている土地の情報くらいしか入ってはきませんでした。隣の村のことくらいは分かっていても、その隣村の生活のことなどまったく知らない。視野の狭さは確かにありましたけれど、その少ない情報の中で人々は平和な生活を送っていたものです。

どうして昔の人は安寧《あんねい》な心持ちで生活することができたのか。それは、不必要に誰かと比べなくても済んだからです。遠い村の生活を羨ましく感じることもない。自分の人生はこれでいいのだろうかと悩むこともない。貧しいとか豊かとかに関係なく、それぞれが満足した生き方をしていたように思います。

ところが情報化の時代ではそれが許されません。次から次へと「生き方の情報」が舞い込んできます。「こんな生き方もあるんだ」「こんな素晴らしい生活を送っている人もいる」「こういうことで成功を収めて幸せを手に入れた人たちもいるんだ」。成功や幸福という言葉が躍り、どうしても比較するように仕向けられています。まるで「あなたの人生はそれでいいのですか？」という問いを突きつけられているかのように。存在しない「青い鳥」を誰もが追いかけているようなものです。

人間にはたくさんの選択肢がある。誰もが素晴らしい人生を送れる可能性をもっている。私たちは可能性の塊だと声高に叫ぶ人たちもいます。本当にそうでしょうか。

表に現われてくる情報というのは、実はほんのうわべの一部だけです。幸せになった、成功を収めた。その結果ばかりが表面に出てきて、そこに至るまでの苦労や道のりは出てきません。あたかも簡単に幸せな道が手に入るような印象を受けます。そして何よりも、表面に出てくるのは幸せを手に入れた成功者だけです。失敗した人たちや、道半《なか》ばで諦めた人の話は出てきません。

たとえば、近年話題となっている田舎暮らしというものです。定年を機に、都会を離れて田舎暮らしを始める。田畑を耕しながら、自然の中で幸せに暮らす。まるでそこがユートピアのように思われていますが、はたしてそうでしょうか。

現実的に見れば、田舎暮らしを始めたはいいけれど、結局は挫折をした人たちがたくさんいるようです。田畑を耕しながら生きていく。それは素晴らしいことでしょうが、農業とはそれほど甘いものではありません。雨の日も風の日も、どんなに寒い朝にも地道に農作業をしなければ作物は育たない。それこそ修行のような思いで取り組まなくてはならないものです。農業で生計を立てている人たちは、それこそ人生をかけて取り組んでいるものです。憧れだけでやれることではありません。ところが表面的ないい部分だけを情報で知り、安易な気持ちで飛び込んでいく人がいるようです。

さて、人生の選択肢ということからすれば、歳を重ねるごとにそれは少なくなっていきます。若いころにはたくさんの選択肢があります。それが少しずつ確実に減っていく。五十歳、六十歳を過ぎてくれば、これからできるであろうことは限られてきます。六十歳になってプロゴルファーになることは無理ですし、新しく会社を立ち上げて大きくしていくということも難しいでしょう。これからの人生を考えた時に、その選択肢は限られたものになってきます。

しかし、選択肢は少なくなりますが、ゼロになってしまうわけではありません。自分の周りをよく見てみると、そこには確実にいくつかの選択肢が残されているはずです。そしてその残された数少ない選択肢の中にこそ、本当に自分に合った生き方があるように思うのです。そういう意味では、選択肢が少ないということはマイナスなことではなく、むしろ幸せなことではないでしょうか。

誰かと比べることなく、不要な情報にも振り回されないで、しっかりと自分自身の生き方に合うものだけを見ればいい。自分ができること。自分が本当にやるべきこと。そして自分の人生の夢や目標。そういったものが明確になってきます。目移りしない自分らしい生き方ができる時期でもあるのです。

先日、茨城にあるお寺の住職さんからレンコンをいただきました。このレンコンが素晴らしく美味《おい》しい。味が濃くて風味も素晴らしい。こんな美味しいレンコンを食べたのは私も初めてでした。お礼の電話をかけると、ひとりのレンコン農家の方が作っているといいます。その農家の人は、代々農業を営んできました。

お米やさまざまな野菜の栽培もやってきた。ところがある時期を境にして、レンコンづくり一本に絞ったのです。

自分の残された人生を思った時、農業を続けるという選択肢しかない。他の仕事に変わることはできない。ならばその残された道で、最高の作物を作ってみたい。そう考えてレンコンづくりに一生懸命に励んだそうです。つまり、自分が歩むべき道を定めたということになるでしょう。そして彼は素晴らしいレンコンをつくることに成功しました。その人のレンコンは通常のものよりも高値で取引されているそうです。

他の生き方に目を奪われることなく、自分の周りにある選択肢をよく見てください。そこには必ず、進むべき道があります。なぜなら残された数少ない選択肢というのは、意味があってあなたの前から消えなかったものなのですから。

ひとりの人間の選択肢とは、実はそれほど多いものではありません。「自分には限りない選択肢がある」。そんな若いころの自信は、やがて幻想に変わっていくことを知ることです。

結果など考えずに「発心」を信じる

私が初めて女性の出家得度《とくど》を行ったときのことです。男性の出家はそれまで自分の子どもたちの出家をしていましたが、女性は初めてでした。僧侶の数から考えれば、やはりまだまだ女性の出家は珍しいものです。

その女性は、学生のころから仏教に興味をもち、大学時代も禅を研究するサークルに所属していたそうです。その女性が普通っていた大学が私どものお寺と比較的近くにあることが縁で、その女性は私どもの寺が主催している坐禅会に十年以上も通っていました。最近の坐禅会は若い女性がとても増えていますが、それでも十年以上も通い続けるというケースは稀《まれ》なものです。

そんな経験を積み重ねていくうちに、彼女は出家したいという気持ちになっていったといいます。私の元に相談に訪れた時、私にはまだ彼女の覚悟が分かりませんでした。何か辛いことがあったのか。それとも単なる禅に対する憧れなのか。いずれにせよ、出家をするということは中途半端な気持ちではできるものではありません。

禅の世界では、「発心《ほっしん》」という言葉を使います。これは字の通り、自らが発する心ということです。この「発心」がしっかりしたものでなければ、こちらも安易に受けるわけにはいきません。彼女の覚悟を確かめるために、何度も話をし、出家への覚悟を確かめたものです。そして私が心から彼女の「発心」を感じ取った上で、出家のための準備に入っていったのです。

彼女のような比較的若い人はかなり珍しいですが、出家を希望する人はたくさんいるようです。その多くは五十代、六十代の人です。その理由はさまざまなものですが、やはりそこには、現状から逃げ出したいという気持ちの人が多くいます。人生に失敗してしまった。自分の思い通りに物事が進まなくなった。もうこんな人生は嫌だから、いっそ出家でもしてしまおう。とりあえず出家すれば、次の人生が待っているかもしれない。

もしもそういう気持ちが少しでも感じられれば、私はきっぱりと出家のお手伝いを断ります。そんな気持ちで厳しい修行が続くはずはありません。つまり「発心」の弱い人には、到底出家など無理なのです。

現実逃避というものは、誰にでもあるものでしょう。今の状況が苦しいものであれば、なんとかそこから逃げ出したいと思う。努力をして目の前の壁を乗り越えようとするのではなく、どうにかして壁の横をすり抜けようとする。あるいは誰かの助けをひたすら待ち望んでいる。そんな気持ちは分かりますが、そこからは何も生まれません。現実逃避からは何も生まれないのです。

具体的な例でいえば、転職というものもそうです。昔と比べれば、最近は転職がしやすい環境になってきました。特に年齢が若ければ、転職という言葉が常に頭の中にあるでしょう。ならば、どうして転職を考えるのか。その「発心」をもう一度自分なりに考えてみることです。

今の仕事が嫌だから転職をしたい。今の会社の給料が安いから、もっと給料の高い会社に変わりたい。この会社では自分は正当な評価をされていない。もっと実力を発揮できる会社に行きたい。そのような言葉を聞けば、さも積極的な理由に聞こえます。しかしこれらの理由は、すべて現実逃避に過ぎないと私は思います。

自分のやりたい仕事ではない。本当にそうでしょうか。ならばやりたい仕事とは何ですか。もしも自分のやりたいことが明確になっているのなら、その人はとっくにその世界に入っているはずです。

今の仕事を選んだのは自分自身ではありませんか。自分が選んだ仕事であるならば、まずはその仕事に一生懸命に取り組むことです。どんな仕事でも、中途半端な気持ちで取り組んでいれば、そこに面白さなどは感じられません。

あるいは給料が安いとか、評価をされていないとか、それはいったい誰のせいでしょうか。社会とは思う以上に平等にできているものです。

頑張って仕事をしている人は評価され、給料も上がっていく。文句ばかりいって、仕事をきちんとしない人間は評価されるはずもない。当たり前のことだと思います。

もちろん一時期は不遇なこともあるでしょう。上司との相性や会社の業績に呑み込まれることもあります。しかし人生という長い目で見れば、社会は適正な評価を与えているものです。

自らが努力をすることもなく、そこから逃げ出そうとする。それでは人生は充実したものにはなりません。今与えられている仕事、自分のやるべきことに心を尽くすことです。

自分の人生の選択に、覚悟をもつことが大事です。これはいくつになっても同じです。生きるということは選択の連続です。

定年後にどう生きようかという大きな選択から、明日という日をどう過ごそうかという小さな選択まで、人生は常に選択が迫《せま》られています。目の前に現われた一つひとつの選択肢に対して、常に覚悟をもつことです。自分が選択した。だから結果はすべて自分に降りかかってくる。その当たり前の事実をしっかりと受け止めることです。

定年後には出家をしたい。田舎に引っ越して農業をやりながら暮らしたい。あるいは趣味の釣りに没頭する生活をしたい。どんな夢をもってもいい。どんな生き方をしようがその人の自由です。他人に迷惑さえかけなければ、人は自由に生きればいい。ただし、そこには覚悟をもっておくこと。その選択が間違いだったと気づいても、それは自分の責任であることを知っておくことです。

自分が歩く道は自分が選ぶ。その道がいかに厳しいものであっても、覚悟をもって歩き続ける。結果など考えずに今日を生きる。人生の充実感はそこからしか生まれません。

自らの「発心」の強さを信じること。そして行動に起こす時には、覚悟をもって臨《のぞ》むこと。それがわが道を歩むということです。

何かをさせていただけるのは、あなたが必要とされている証

人生が八十年だとすると、五十歳を過ぎるころまでは、やらなければならないことがたくさんあります。

十代、二十代の時には、何よりも学ぶことが大切です。学問を学び、多くの知識を身につけていくこと。無駄な知識などというものはありません。すべてが自分を高めることにつながります。学問だけでなく、社会に出れば諸先輩たちから学ぶ姿勢をもつことです。

「自分はこの仕事がやりたい」「自分のやり方で仕事がしたい」。そんな気持ちがあったとしても、まずは先輩たちの仕事の仕方を真似てみる。「真似ること」はまさに「学ぶこと」であるのです。自分が社会の中で生きていくための知識や知恵を身につける。それが二十代までの時期なのです。

そして三十代、四十代になれば、結婚して子どももできるでしょう。家族を守るために、一生懸命に働かなくてはなりません。嫌になることがあったとしても、家族を守っていかなければならない。父親であれ母親であれ、それは同じことです。

この時期は、時に周りが見えなくなることもあります。自分の家族を守るために、誰かを蹴落としてしまうこともある。誰かのためや会社のために仕事をするのではなく、どうしても自分のためにという思いが強くなるものです。それは半面、仕方のないことかもしれません。経済的にも精神的にもまだまだ余裕がありません。ただ「やらなければならないこと」を必死になってこなすという年齢なのです。

そうした時期を経て、五十歳を過ぎてくると、周りの状況は少しずつ変化していきます。子どもたちもそろそろ独立し始め、会社においても第一線から離れるようになります。

肩書は部長や取締役であっても、実際の現場は後輩たちがやってくれている。あるいは定年退職になって、社会の第一線からリタイアする人もいるでしょう。

そんな状況になると、ふと思ったりします。「もう自分には、この社会でやるべきことがないんだな。いったいこれから先はどう生きればいいのだろう」と。

確かに「やるべきこと」がなくなると、人間というのは心に張り合いがなくなるものです。もう自分は何の役にも立たない。毎日が休日で、やることが何もない。後はお迎えがくるのを待つだけだ。ついそんなふうに考えてしまうこともあるでしょう。

しかし、それは違います。五十歳、六十歳を過ぎた時から、本当の人生が始まるのです。これからが人生の本番なのです。「残されているのは余生ばかりだ」という。とんでもない話です。もしもそれを「余生」というのなら、その「余生」こそ、真に価値あるものにしなくてはいけないのです。

では何をなすべきか。それはこれまで自分を育《はぐく》んでくれた社会に対して「布施《ふせ》行《ぎょう》」、すなわち「施《ほどこ》し」をすることです。恩返しをすることです。

この「お布施」という言葉を聞くと、多くの人はお金や何らかの品物を僧侶やお寺に施すというふうに考えがちです。誰かに施しをすることは、金品を与えることだと。これを仏教では「財施」といいます。しかし仏教でいうところの「施し」はそれだけではありません。形あるものを施すことだけではなく、自らの心で施しをすることもいうのです。

仏教には「無畏施」（むいせ）という言葉があります。これは財がなくても、あるいは悟りの境地になくても、誰でもができる布施行です。その代表的なものに「無財の七施」という言葉があります。「無財」、つまり金品など何ももっていなくても、「七施」、七つの心をもてば施しを与えることができる。そういう教えです。具体的にこの「七施」を記しておきます。

1. 眼施（げんせ）

常にやさしい眼差《まなざ》しをもって人に接するということです。後輩や若い人たちに対して、あるいは弱き人に対して、やさしい眼差しを向けることです。

簡単にやさしい眼差しといいますが、それは簡単なことではありません。「目は口ほどに物をいう」という言葉がある通り、目を見ればその人の心は自然に表れるものです。心の中が垣間《かいま》見えるものです。したがって、いくらやさしい眼差しを繕《つくろ》っても、心の中に真のやさしさが宿っていなければ、それは伝わりません。やさしいふりをしても、すぐに見破られてしまうでしょう。そういう意味でこの「眼施」というのは、もっとも基本であり、もっとも難しいものなのです。

2. 和顔施（わげんせ）

いつもにこやかな顔で人と接するという施しです。柔らかな笑顔を見れば、誰しも心が和《なご》むものです。たったひとりの柔らかな笑顔が、一瞬のうちに周りに伝わっていく。あっという間に、その場の空気がやさしいものに変わる。そうです、笑顔というものは伝染していくのです。そしてその基となれるのが、年齢を重ねてきた人たちなのです。

心の動きというのは表情に表れます。心がギスギスしていると、その表情までもが固くなってしまう。それは当たり前のことでしょう。

四十代のころには、部下が何かの失敗をすれば、とてもにこやかな表情などできません。その部下の行動によって自分自身も評価されるとなれば、つい感情的に厳しく叱ってしまう。心に余裕がありませんから、表情も厳しいものになってきます。そんな上司を見て、部下の気持ちは萎縮《いしゅく》するばかりです。

そんな時にこそ、四十代の人間のそのまた上にいる五十代の人間が、柔らかい顔を見せてあげることです。そうすることで、叱られていた部下も、叱っていた上司も、どこかでほっとした気持ちになる。これもまた素晴らしい施しなのです。

人間の心というのは、相手の表情によって多大な影響を受けるものです。相手が笑顔を見せてくれれば、こちらも自然と笑顔になる。相手がイライラした表情をしていれば、話しかけるのをやめようと思う。当たり前のことですが、ついつい忘れてしまいがちです。笑顔の美しさを、若者たちに思い出させてあげることです。

3. 言辞施（ごんじせ）

やさしく、温かい言葉を投げかけるという布施です。表情とともに、言葉もまた大切なコミュニケーションの手段です。

「おはようございます」「ありがとうございました」「おつかれさまでした」。こういう言葉をかけられて、嫌な思いをする人などひとりもいません。何か困っている様子であれば、「大丈夫ですか？」と声をかけてあげる。たとえ具体的な手伝いができないにしても、その言葉で少し元気になったりする。思いやりある言葉とは、まるで魔法のように人の心を元気にしてくれるのです。

思いやる言葉がもしもこの社会に溢れていたら、きっと争い事はなくなるでしょう。自殺やいじめという痛ましい事件もなくなると私は思います。そんな理想的な社会になるのは難しいでしょうが、せめて自分の関わる人たちにはやさしい言葉をかける。そんな小さな心がけが広がることを願っています。

4. 身施（しんせ）

もしも自分の身体でできることがあれば、できる限りの奉仕をしなさいということです。

自分にとっては簡単なことでも、当人にとっては大変なこともあります。たとえばお年寄りが重たい荷物を持っているのなら、それを持ってあげればいい。長い踏み切りを怖々《こわごわ》と渡っているお年寄りがいれば、手をつないであげればいい。どちらも身体が健康な人にとっては簡単なことです。自分自身が辛いのに、無理をしてやる必要はありません。自分が簡単にできると思うことだけやってあげればいいのです。そして、あなたが簡単にできることは、思っている以上にたくさんある。それに気づくことです。

お年寄りの手を引いて踏み切りを一緒に渡ってあげる。渡り終えたら、そのお年寄りが笑顔でお礼をいってくれる。「本当に助かりました。ありがとうございました」。その瞬間に、ふたりの心がとても温かいものになる。互いの手の温《ぬく》もりがずっと残っている。そんな小さな幸せの積み重ねの中で、私たちは生きていることを忘れてはいけないのです。

5. 心施（しんせ）

心を施すこと。つまりは他人のために心を配るということです。

人間はけっしてひとりでは生きてゆけません。自分さえよければそれでいいという考え方をしていれば、やがては自分だけが不幸せになっていく。自分だけが幸せになったり、自分の家族だけが得をすることなどあり得ない。社会とはそういうふうにできているのです。

若いころには、どうしても自己中心的な考え方をしがちです。上昇志向が強いために、つい周りのことを考えなくなる。周りのことよりも、まずは自分のことを優先させてしまう。しかし、そこには幸せや充実感の種は落ちていないことに気づくことです。経験を重ねた人たちは、それを若者に教えてあげることです。

6. 床座施（しょうざせ）

読んで字のごとく、自分の席や場所を譲ってあげるという布施です。

電車の中でお年寄りや身体の不自由な人に席を譲る。現代社会の中から生まれてきた発想に思えますが、実は古くから仏教が教えていたことなのです。

最近では優先席などがあり、車内放送でも席を譲るように呼びかけています。しかし本来ならば、席を譲るという当たり前のことなど、本人が気づかなくてはいけないことです。悪気はないのですが、そういうことを教えられてこなかった。もしかしたらそういう若者が増えているのかもしれません。

ある日私が電車に乗っていた時のことです。私の隣には大学生と思われる男の子が座っていました。ヘッドフォンで音楽を聞きながら雑誌を読んでいます。そこに杖をついたお婆さんが乗ってきて、私の前に立ちました。すぐさま私は席を立って、「どうぞ、お座りください」といいました。すると、隣に座っていた男の子が、慌てて席を立ったのです。「すみません、気がつかなくて。僕が立ちます」といったのです。

私たちのやり取りを見て、車内はなんとなくやさしい空気になったものです。

こういう心遣いは、やはり上の人間が身をもって教えることだと思います。もっといえば、幼いころから教えてあげること。お年寄りに席を譲る。たったそれだけのことで、自分の心も幸せになれるんだよ。そう伝えることです。

また、電車で席を譲るだけでなく、会社の中でも若い人に席を譲ることです。いつまでも自分が座り続けていれば、次の人たちの座る席がなくなってしまいます。思いきって自分の席を譲ることです。そして席から離れたところで後進の人たちを見守ってあげる。そこから見える風景が、またあなた自身を成長させてくれるのです。

7．房舎施（ぼうしゃせ）

自分が住んでいる家や、自分がいる場所を誰かに提供しなさいという教えです。

四国では一年中、お遍路さんが旅をしています。風雨に見舞われる日もありますし、お年寄りもたくさんいらっしゃる。途中で体調が悪くなったり、体力的に辛くなることもあります。そんな時、四国の人たちは、自分の家を休憩所としてお遍路さんに提供しています。

これを四国の人たちは「お接待」と呼び、古くからその習慣が残っているのです。まさにこれこそが「房舎施」そのものです。

都会などではなかなかできませんが、たとえばコンビニなどは災害時に帰宅支援ステーションとしての機能を備えていると聞きます。これもまた企業が実践している「房舎施」だと思います。家を提供することは無理だとしても、たとえば急な雨で困っている人に傘を提供するくらいはできるでしょう。「お接待」というのは、お酒や食事を振る舞うことばかりではありません。困っている人に、羽を休める場所と気持ちを提供してあげる。その思いやりの心をいうのです。

以上が「無財の七施」といわれるものです。お金や品物を施すのではなく、心を施すことです。ですから私どもは「七施をさせていただく」という言い方をするのです。

誰かに施しをするのは、単にその人を助けるためだけではありません。自分の精神を高め、自分がこの世で役に立っていることを実感させてくれる。そういう気持ちがあるからこそ、「させていただく」という発想になるのです。

そして、「させていただく」という発想ができた時、不思議と気持ちが柔らかくなります。「やらねばならない」と思ったり、「誰かのためにやってあげている」と思ってしまうと、その行為はたちまち苦になってしまう。「やらなければならない」というたくさんのことをなし終えた後は、「させていただく」という生き方に変えていくことです。そんな生き方に変わった時から、あなたの本当に充実した人生は始まるのです。

何かをさせていただけるということ。これほど有難いことはありません。それは、自分が必要とされている証《あかし》なのです。

第2章

つながる温もりほど、大切なものはない

相性を認めれば楽になる

庭園造りをする時には、弟子たちが手伝ってくれます。私としてはとてもひとりではできる作業ではありませんし、彼らもまた私から庭園造りを学ぼうとしているわけです。禅の心を投影した作庭をする。そのノウハウを伝えるのは容易なことではありません。基本的な技術を教えることはできますが、それ以上の心の部分は言葉では伝えることはできません。理屈を超えた「道」。それは個々人がつかみ取っていくしかないのです。

私がひとつの石の据える場所を指示する。どうしてその場所にしたのか。それを言葉で説明するのは難しい。ですから弟子たちは、そこに据えられた意味を自分で考えなければなりません。石の顔がどちらの方向を向いているか。石が一番心地よいと思う位置はどこなのか。「石心」と必死になって向き合うわけです。

そのひとつの石に一瞬、太陽の陽《ひ》ざしが照りつけたとしましょう。その美しい一瞬を、私は頭の中に思い描きながら据える場所を決めている。それを読み解けるか否かが分かれ目になってきます。一瞬の光を捉えて、「なるほど、そういうことか」と感覚的に理解する弟子もいれば、その光は偶然のものだろうとやり過ごす弟子もいます。私の心を感じることができるかどうか。会得《えとく》できるかどうかはそこにかかっているのです。

また、多くの弟子に教えていると、いろいろなタイプの人間がいることがよく分かります。すぐに技術を習得し、てきぱきと作業をこなす人間もいる。要領がよくて、呑み込みも早い。反対に、要領が悪くてなかなか習得できない人間もいる。一生懸命に学ぼうとしているのですが、やることが遅くて周りについていけない。まあ会社や学校の中にも両方の人間がいることでしょう。

私は、そのどちらの人間もまったく同じように評価をするよう心がけています。要領のいい弟子にはそのよさがあり、要領が悪い人間はできるまで待ってあげればいい。心の底から庭園造りを学びたいという気持ちさえあれば、いずれは周りに追いついてくる。もしかしたら、ある時急激に伸びるかもしれない。大学でも、「さて、この学生はいつ伸びてくるかな」と楽しみに思いながら眺めています。

ただし、私に学んだ弟子たちが全員技術を習得できるとは限りません。一〇人が一〇人とも庭園造りを習得できるわけではない。それは才能のあるなしではなく、私との相性というものがあるからです。

私が教える限りは、やはり私の教え方になってきます。弟子の特性によって多少は伝え方を変えますが、それでも基本的なものは変えることができません。その私の教え方がすっと心に入る弟子もいれば、なかなか理解できない弟子もいます。どちらが悪いというのではなく、どうしても伝わりにくい関係性というものがあります。世にいうところの「相性」がそれです。

会社の中でも、上司と部下の相性は確かに存在しています。そしてそれが、時に評価として表面化してくることもあるでしょう。これまでの上司とは相性がよくて、仕事がスムーズに進んでいた。結果として評価は高くなる。ところが次にやって来た上司とは相性が悪くて、同じように仕事を進めているのに、いつも叱られてばかり。仕事の質は変わっていないのに、評価は低くなってしまう。こういう経験をした人も多いと思います。

しかし、それは仕方のないことだと思うのです。人間と人間の間に存在する「相性」は、とても理屈で説明できるものではありません。仕事はたいしてできないけれど、なんとなくあの部下は可愛い。欠点はたくさんあるけど、自分としてはあの上司が好きだ。「好き嫌い」「ウマが合う合わない」。言葉では説明できないものが人間関係には存在しているのです。

いくら長年の修行を積んでいても、僧侶とてひとりの人間です。私の中にも好き嫌いや合う合わないという感情はあります。すべての人にまったく同じ気持ちで接することは相当に難しいものです。もちろんそういう姿勢に向かって修行をしているのですが、なかなかそこまでは到達しません。

ですから私は、相性があるということを前提にして関係性をつくろうと心がけています。無理やり相性をよくしようとするのではなく、相性のよい人ばかりを特別視するのではなく、その存在を認めつつ、しっかりと自分のスタンスを見失わないようにする。相手に合わせることができると思えばそうすればいいし、それが苦しいと感じるのなら自分をなくしてまで合わせる必要はありません。

大切なことは、常に自分が主体となることなのです。「随処作主　立処皆真」（ずいしょにしゅとなれば　りっしょみなしんなり）という禅語があります。どんな時でも自分自身が主体となって人生を歩いていくこと。そういう姿勢をもつことの大切さを説いた言葉です。

人と人との間には「相性」というものが確かに存在している。しかし、そんなものに振り回されてはいけません。そんなものでぶつかり合うのはつまらないこと。脇にそっと置いておくだけで十分です。「相性のいい人」と「相性の悪い人」は、ちょうど半分ずつ周りにいるもの。それが社会なのです。

相性の善し悪しを
人づきあいの言い訳にしてはいけません。

夫婦になる条件とは

近ごろお檀家さんから、ご子息の結婚についての話をよく聞きます。「うちの娘はもう三十歳を過ぎているのに、ちっとも結婚する気がないみたいなんです」「息子は四十歳になってもまだ結婚していないんです。どこかにいい人がいませんか」と。明らかに結婚する年齢は高くなり、また昔のように結婚するのが当然だと考えない世代が出てきたようです。

当の本人に話を聞けば、「条件のいい人が現われたら結婚したいとは思っています」「条件は悪くないのですが、なんとなく恋愛感情がもてないんです」。そんな答えが返ってきます。どうやら若い人たちの理想とする結婚とは、相手に心がときめき、かつ条件が整っている。そういうことになるのでしょう。

もちろん若いころには恋愛感情は大事なことです。たいして好きでもない相手とは結婚したくないという気持ちも分かります。しかし、結婚とはそれだけではありません。恋愛至上主義や条件では補《おぎな》いきれないものがある。そのことを人生の先輩たちは伝えることが大切です。

長い夫婦生活にとって、一番大切なことは価値観が合うかどうかです。衣食住の生活習慣から始まって、お金の使い方や子育ての考え方。要するに生活の基盤となる考え方が同じでなければ、とても結婚生活は続くものではありません。

たとえば裕福な家庭に育ったお嬢さんと、ごく普通の家庭に育った男性が結婚したとしましょう。妻にしてみれば、週に一度のフランス料理は当たり前のこと。家でつくる料理も洋食ばかり。一方の夫のほうは、フランス料理など食べたことがない。値段が高いばかりでちっとも美味《おい》しいとは思いません。そんなものより、家で食べる煮物や焼き魚が大好物です。そんなふたりが惹《ひ》かれ合って結婚したとしても、長く続くことはないでしょう。初めのうちこそどちらかが我慢するでしょうが、いずれは生活や考え方の違いが表に出てきます。

あるいは両親が共働きで、母親も社会で仕事をする姿を見て育った女性と、母親は専業主婦で家にいるのが当たり前だと考える男性。これもまたどこかで食い違いが出てきます。結婚する時には「仕事を続けてもいいよ」といっていたのに、しばらくすると「そろそろ仕事を辞めて家に入ってほしい」と変わってくる。妻からしてみれば約束違反も甚《はなは》だしいと不満が出てくるでしょう。これはどちらが悪いというのではなく、やはり大きな意味での相性が悪かったとしかいいようがないのです。

かつての日本社会には、お見合いというしきたりが当たり前のように存在していました。もちろん今もお見合いはあるでしょうが、その質は少し変わってきたように思います。現在のお見合いは、要するに出会いの場というもの。たくさんの異性と出会い、その中からお互いの条件に合った相手を見つける。つまり、出会う場は提供するが、後は当人同士の意思で決めてくださいというわけです。

ところがかつてのお見合いは、半ば周りからの強制のようなものでした。村の中に年ごろの男女がいる。すると周りの大人たちが、「あのふたりは家柄も同じようなものだし、歳格好もちょうどいい。きっといい家庭を築くにちがいない」と。当人たちにとってはいい迷惑かもしれません。恋愛感情もないのに、周りの大人たちで勝手に決めてしまう。心では反発を感じながらも、結局はいわれたままに結婚するという夫婦が多かったものです。

「家柄」や「歳格好」。今では死語のようになっていますが、実は意外とこれが結婚には大切であることを大人は知っていたのでしょう。長い人生経験の中で、大人たちはたくさんの夫婦を見てきている。うまくいっている夫婦も、別れてしまった夫婦も見てきています。そんな経験の中で、うまくいきそうなカップルというものを経験則で導き出しているのです。

どんなに好き合っているふたりでも、なんとなくうまくいかないような気がする。互いに恋愛感情は少ないけれど、夫婦になればうまくやっていける気がする。はっきりとした根拠はなくても、なんとなくそう感じる。こうした先輩たちの目や感覚というものは、えてして当たるように思うのです。

とすれば、親として息子や娘の結婚に口を挟むことは、けっして悪いことばかりではないような気がします。「あなたが選んだ相手なら私たちは賛成よ」。そういうことは簡単なことです。いかにも理解ある親のようにも見えるでしょう。もちろん心から賛成しているのなら問題ありませんが、少しでも引っかかることがあるのなら、冷静に子どもに伝えるべきではないでしょうか。

「あの人とあなたは、どこかうまくいかないような気がするわ」「育った環境が違いすぎるのではない？」。気になったことは正直に伝えてあげたほうがいい。それでも大丈夫と本人がいうのなら、それは尊重してあげればいい。人生の先輩として、客観的に見てあげることも、親としての愛情だと私は思います。

ところで、最近は結婚しない人たちも増えているようです。女性も仕事をもっているために、結婚しなくても経済的に困ることはない。男性にしても、結婚したら自分の趣味にお金が使えなくなると嫌がる人もいます。「どうして結婚しなければならないのですか？」という質問をされることもあります。その問いに対して、私はこう答えるしかありません。

「結婚をして、ともに家庭をつくり、子どもを育てる。きっとそれが自然の姿だからだと思います。結婚がいいとか悪いとかではなく、人間はそうしてつながってきたのです。ご先祖様たちが夫婦になって、家を守ってきてくれたおかげで、私たちは今こうして生きていることができるのです」

もちろん、無理やりにする必要もないでしょう。これが自然だと感じた時に結婚すればいい。そして結婚をしたら、こつこつとふたりで力を合わせて家を守っていくことです。夫のために、妻のために、子どものために。そんな瑣末《さまつ》なことではなく、生きるということのために守るべきことがある。「私はこういう条件の人としか結婚しません」―「私は結婚しないでひとりで生きていきます」。頑《かたく》なな考え方は捨てて、自然の大きな流れに身を任せることです。

同じ価値観を共有する人と一緒にいる。その安心感と安らぎを得るために、人は結婚をするのです。

挨拶は相手の「心の状態」を知る

禅の問答

三十年、四十年と連れ添った夫婦が、子どもが巣立ったのを機に離婚してしまう。いわゆる熟年離婚というものが増えているようです。その事情はそれぞれでしょうが、やはり離婚に至る夫婦というのは、日ごろからの会話が少ないのではないでしょうか。

子どもが小さいころには、子どもの話題に事欠くことはありません。子どもという「かすがい」が常にありますから、自然とコミュニケーションも生まれてきます。ところが成長するに従って、子どもはどんどん親から離れていきます。そしてやがては、結婚した当時のようにふたりきりの生活がやって来る。そんな状態になり、さてどうすればいいかが分からなくなってしまう。妻に仕事の話をしても理解してもらえない。夫に近所づきあいの話をしても聞いてはくれない。やがて双方が面倒くさくなり、徐々に会話は減っていきます。そしてお互いに「会話などなくても分かってくれているだろう」という甘えが生じてくる。

話もせずに互いの気持ちが分かり合える。そんなものは幻想に過ぎません。人間の気持ちというのは日々に変化するものです。根本的には変わらないにしても、いわゆる「気分」というものは移り変わっています。互いの「気分」をくみ取り合うことで、ともに生きているということになる。相手の「気持ち」が分からないようでは、それは夫婦とはいえません。

長年連れ添った夫婦だから、今さら会話など必要ではない。その甘えは間違っています。長年連れ添った夫婦だからこそ、日々の会話が大切なのです。とはいっても、しょっちゅうべらべらと話をするということではありません。無理をしてまで会話をしなくてもいい。ただひとつだけ大切にしてほしいのは、「挨拶」をする習慣をつけることです。

「挨拶」というのは、もともとは禅の言葉なのです。相手の力量を測るために問答を仕掛ける。これに対して仕掛けられた相手は、すかさず切り返す。この互いに相手の力量を見定め合うやり取りのことを「挨拶」と呼ぶのです。そしてさらにいうならば、問答を仕掛けた僧は相手の答えを聞こうとしているのではありません。その答えが正解なのか間違っているのか。そんなことは問題ではない。仕掛けた僧が知りたいのは、あくまでも相手の「心の状態」の部分なのです。今相手はどのような心の状態にあるのか。一生懸命に修行に取り組んだ結果、会得したものの深さを知ろうとしているのです。そこを感じ取ることが一番の目的なのです。

家族の中では、つい挨拶を蔑《ないがし》ろにしがちです。毎朝顔を見ているのだから、いちいち「おはよう」というのも面倒くさい。挨拶なんてしなくても、起きてきたことは分かっているはず。出かける時も「いってきます」といわないままに家を出ることがあるでしょう。送り出すほうも、いつ出かけたのか分からないようなこともあります。そういう「甘え」の積み重ねが、やがて家族の中から会話が消えていく原因になると私は思っています。

朝起きたら、まずは「おはよう」と挨拶を交《か》わすことです。その一言を聞くだけで、家族の気分はすぐに分かるものです。今朝は元気がないな。ちょっと疲れているのかな。身体の調子はどうかな。たった一言の挨拶だけで、家族の気持ちや体調までも伝わってきます。それが家族というものではないでしょうか。

歳を重ねても仲睦《むつ》まじいご夫婦を見ていると、そこには必ず相手を思いやる挨拶が見て取れます。「いってらっしゃい。今日は寒くなるそうですから、気をつけてくださいね」と妻が夫を送り出す。「いってきます。お前も買い物に行く時は暖かくして行くんだぞ」と夫が言葉を返す。たったそれだけの言葉で、人の心は温かくなるものです。

そしてつけ加えていうならば、挨拶の習慣がついている家庭に育った子どもは、大人になってからも自然に挨拶をするようになります。会社生活が始まっても、毎朝元気よく「おはようございます」という言葉が出てくる。挨拶をされて嫌な気分になる人間などいません。誰もが「おはようございます」と挨拶をされれば、爽《さわ》やかな気持ちになるでしょう。結果として、気持ちのいい挨拶のできる人間は周囲から可愛がられ、仕事もやりやすくなってくるものです。

夫婦にとって子どもは何より大切な「かすがい」です。しかし子どもたちはやがて家を出ていきます。そうなった時、夫婦は再び自分たちで「かすがい」を見つけ出さなければなりません。互いを思いやる温かい挨拶こそが、これから先の

「かすがい」になってくる。そしてすべての会話は、小さな挨拶から始まる。私はそう思っています。

「おはよう」「おやすみ」「いってきます」。このありふれた挨拶こそ、実は魔法の言葉であることを知ってください。

心配や不安はいつも浮かんでは消えていくもの

引きこもりという現象が現代社会の中で生まれています。一日中家の中に閉じこもり、外に出かけることもなく、他人と関わることもしない。特に若い人たちに増えていることが問題になっていますが、この問題は何も若者に限ったことではありません。引きこもりを生み出す心の闇は、年齢の問題ではないように思います。

どうして彼らは引きこもってしまうのか。きっかけはさまざまあるでしょうが、基本となるのは自らがつくり出した妄想のようなものだと思います。

外に出かけたところで、話をする友人もいない。あるいは今の自分の姿を誰にも見られたくない。うまくいっていない自分の姿を見て、きっと周りの人間は蔑《さげす》んでいるにちがいない。挙句のはてには世の中の人すべてがまるで敵のように思えてしまう。

本当にそうでしょうか。それは自分が勝手に思い込んでいるだけではないでしょうか。人間はもともと孤独な存在です。生まれてくる時も死ぬ時も独りです。そういう意味からすれば人間とは「個」の存在であることは間違いありません。

ですから、孤独になることが悪いというのではない。孤独を必要以上に恐れてはいけない。しかし、そんな孤独な生きものであるからこそ、けっして独りでは生きてはゆけない。社会の中で「孤立」して生きることはできないのです。引きこもっている人というのは、「孤独」を味わっているのではなく、「孤立」の中でもがいているのでしょう。そしてその「孤立」は、自らの心が生み出しているのではありませんか。

「非思量」（ひしりょう）という言葉が禅語の中にあります。これは坐禅を組む時の心構えを教えた言葉です。坐禅を組む時には、いっさいのことを考えてはいけません。頭の中にある考えをすべて捨て去って、空白の状態で臨むわけです。

とはいっても、何も考えないということはなかなか人間にはできるものではない。どうしても何かを考えてしまうものです。足が痛くなれば「早く坐禅の時間が終わらないものか」と考えますし、寒さを感じれば「もうすぐ冬だな」と考えてしまう。それは当たり前のことです。

何かを考えることは仕方がない。しかし、その考えに執着せずに、すっと受け流すようにする。いろいろな考えが頭の中で浮かんでは消えていく。そういう状態を求めることが「非思量」なのです。

外に出かけたくない。誰かにばったりと会ったらどうしよう。そんな考えがふと頭に浮かぶ。その考えに執着することで、「会ったらどうしよう」という心配が「きっと会うにちがいない」という確信的な妄想にいつのまにか変わってしまう。その妄想が日々重なっていくうちに、どんどん精神が病《や》んでいくのです。

心配事や不安は誰にでもあるものです。ふと頭を過《よぎ》ることは必ずある。しかし、そういう考えばかりにとらわれず、すっとその考えを流すようにすることです。心配や不安はいつも浮かんでは消えていくもの。そんなふうに考えることです。

頭の中で考えてばかりいないで、とにかく外に出かけることです。おひさまの光を浴びながら、ぶらぶらと歩いてみる。身体を動かしていれば、余計なことなど考えなくなるものです。人間はスポーツをしながら数学の問題を解くことはできません。身体を動かすことに集中すれば、考えるという行為はできないようにつくられているのです。

そしてスーパーにでも立ち寄って、好きな飲み物などを買ってみる。無言でレジを通るのではなく、レジを打ってくれる人に一言話しかけてみる。「今日は暖かいですね」と。すると「そうですね。もうすぐ春ですね」という答えが返ってくるはずです。たったそれだけの会話から、人はつながりを感じたりするものです。自分は孤独ではないんだ。そんな小さなきっかけが、明るい出口へと導いてくれるものです。

人間は、孤独な存在であるからこそ孤立が怖いのです。
そしてその孤立を生み出しているのは、自らの心なのです。

「大地黄金」は、あなたの足下にある

他人と自分を比べて嫉妬《しっと》する。そんな感情は誰しも多少はもっているものかもしれません。特に会社の中での出世競争などでは、必ず嫉妬合戦が始まるようです。同期として入社したのに、あいつは早々《はやばや》と部長になった。自分のほうが仕事ができるのに、あいつばかりが出世する。妬《ねた》む気持ちばかりが顔を出してくる。そんな醜い自分が、自分で嫌になってきます。

ならば教えてください。あなたはどうして出世したいのですか。

「部長になれば給料が上がるから」「部長になれば社会的にも評価されるから」「部長になれば部下に対して偉そうにできるから」

と文字にすれば、その理由はとても貧弱なものだと思いませんか。給料が上がるからといっても、日本の企業では部長になっても年収が二倍になることなどな

いでしょう。社会的に評価されるといっても、それはたかだか数年のこと。会社を退職すれば翌日から部長の肩書はなくなります。まして部下に対して偉そうにしたいなどという気持ちは、なんとも醜いものです。

　肩書などというものは、ちょっとした縁でくっついてきたモノに過ぎません。そんなものはいずれ剝《は》がれおちてしまいます。自分にたまたまくっついているモノ。それはすなわちプライドでも何でもありません。もしもそれがプライドとイコールならば、剝がれおちた瞬間にその人のプライドは失われることになる。

　たとえばお金持ちであることを自慢するように、高価なバッグをもっている人。そういう人を見て羨ましいと思う人。そのどちらもが、高価なバッグ、イコール、プライドだと大いなる勘違いをしているのでしょう。本当のプライドというのは、そんな薄っぺらいものではないのです。

　すべての人間には、必ずプライドというものが備わっているはずです。お金持ちであるとか貧乏であるとか、出世しているとかしていないとか、そんなうわべのことではなく、自分が自分であるというプライドが備わっている。そのプライドを蔑ろにしてはいけません。

人はそれぞれの境遇の中で生きています。もっている才能も違えば、生きている環境も違う。身体の強い人もいれば弱い人もいる。しかし、たとえどんな環境の中で生きていようが、自分はここで一生懸命に生きている。「今」という瞬間を必死で生きている。それこそが真のプライドだと思います。

禅語の中に「大地黄金」（だいちおうごん）という言葉があります。黄金に輝く素晴らしい大地。それを探そうと必死になっている。そこに行けば、きっと自分も幸せになれるんだと思っている。先の例でいえば、「あの部長の席こそが黄金の席なんだ。だから自分も早くあの席にたどり着きたい」ということになるでしょう。

ところがいざその大地にたどり着いた時、多くの人は感じます。「こんなはずじゃなかった。こんな場所が黄金の大地ではない」と。そして再び嫉妬心という炎を燃やしながら「大地黄金」を探して彷徨《さまよ》っている。「大地黄金」とはどこかに存在するものではありません。自分が今いる場所を、自分の努力によって黄金に変えていくこと。それが一番大事なことだと禅は説いているのです。

嫉妬心から生まれるものはありません。嫉妬心から学ぶものは何もありません。それは、あなたが本来もっているプライドを削り取っていくだけです。あなたが今生きている。自分のやるべきことに集中している。その尊さにこそプライドをもってください。うわっつらなモノにとらわれないことです。

出世した同僚には「おめでとう」といってあげればいい。高価なバッグをひけらかす人には「いいですね」といってあげればいい。それ以上でもそれ以下でもないのですから。

切磋琢磨と競争の違い

僧侶の修行時代というのは、それは厳しいものです。相当な覚悟と精神力がなければ、とても耐えられるものではありません。それでも多くの僧侶がこの厳しい修行を乗り越えることができる。それは仲間の存在があるからです。

私とて、たったひとりで修行をしていたら、その厳しさに途中で諦めたかもしれない。それを乗り越えることができたのは、ともに修行に打ち込む仲間がいたからです。諦めかけた時、逃げ出したくなった時、「もう一日頑張ろう」と互いに声をかけ合う。互いが励まし合うことで、大きな精神的支柱となる。まさに「同じ釜の飯を食った仲」という存在です。

そこには大きな絆が生まれます。そしてともに修行をした仲間というのは、一生をかけてのつきあいにもなる。僧侶になって壁に突き当たった時にも、「きっと彼も頑張っている」と思うことで自分自身の励みにもなります。それほどまでに、修行をともにした仲間の存在は大きいのです。

単に一緒に修行の時間を過ごした。それだけで強い絆は生まれません。その絆を強くするのは、そこに切磋琢磨《せっさたくま》があるからです。

切磋琢磨というのは単なる競争とは違います。たとえば三人が一組になって修行に励んでいたとします。僧侶になるための修行には、覚えなければならないことが山ほどあります。お経を覚えるのは当たり前のことですが、それだけでなくお経をあげている時に鐘を鳴らすタイミングだとか、複数でお経をあげる時の決まり事だとか、坐禅を組む位置なども非常に細かく決められています。あるいは日常生活の中にも決まり事が数えきれないくらいあります。

当然のことながら、物覚えがいい人間もいれば、なかなか覚えられない人間もいます。一生懸命に努力をしても、仲間に置いていかれそうになる人間もいる。

たとえばその三人が古参和尚《おしょう》の先輩に呼ばれて何かを質問される。ふたりは先輩の問いに答えられたが、ひとりは答えられなかった。そういう時、まっ先に叱られるのは適切に答えられたふたりなのです。もちろん答えられなかった人間も後から叱られますが、まずは答えられたふたりを叱る。「お前たちふたりは、どうして教えてやらなかったのだ。自分さえ覚えられればそれでいいのか」と。

自分だけが先輩の和尚に褒められよう。みんなよりも先に覚えて引き離してやろう。そんな邪《よこしま》な考え方がもっともよくないということを叩き込まれるのです。切磋琢磨というのは、自分だけが上に行こうとするものではない。誰かを蹴落として勝とうとするものではない。ともに一緒になって、互いが高まるように努力をしていくこと。それこそが切磋琢磨なのです。

現代は競争社会だといわれています。「勝ち組」「負け組」などといわれ、会社の中でも競争ばかりが表面に出てきている。「競争」というのは、ごく単純に勝ち負けを決めるものです。裏を返せば、勝つためには手段を選ばない。自分がつかんだ情報を仲間に伝えることなく独占しようとする。自分が勝つために仲間の足を引っ張ろうとする。そして落ちこぼれていった人間には目も向けようとしない。そんな欧米型の競争原理が、すっかり日本人の心に巣くってしまったような気がします。

もちろん競争することすべてが悪いとはいいませんが、そこには共有する目標がなければなりません。「何のために競争するのか」。それは自分だけが勝ち残るためではないはずです。自分ひとりが幸せになるためではありません。何より、自分ひとりだけが幸せになるということなどあり得ないのです。

もしも競争するのであれば、それは皆が幸せになるためでなくてはならない。もしも目標を共有していないとすれば、それは誰かに「競争させられている」だけです。無理やり競争させられることで、人間の心はどんどん荒《すさ》んだものになっていきます。ストレス社会の大きな要因は、そんな無意味な競争にあるのだと私は思っています。

冷たい競争ではなく、温かな切磋琢磨をしていくこと。本来日本人は、そうやって心を高めてきたのです。

美しい所作を若い人に教えてほしい

美しい姿でありたい。美しい自分でいたい。そんな気持ちは誰にでもあるものです。わざわざ醜い姿をつくり出そうとする人などいません。みんなが美しい生き方をしたいと願っています。

ならばその美しさとはいったい何か。お化粧をしたり、スタイルをよくしたり、お洒落《しゃれ》な洋服を着たり。確かにそれも美しさを表現するひとつの方法です。しかし、それらは本質的な美しさではありません。いくら飾ったところで、心からにじみ出るような美しさがなければ、それは人として美しいとはいえないのです。

美しさの反対側には「みっともなさ」があります。たとえばファミリーレストランなどに行くと、小さい子どもを連れた主婦がたくさんいます。ほとんどのお母さんたちは、しっかりとした躾《しつけ》をしていますが、中にはそうではない人たちもいます。子どもが席を離れて走り回っている。ほかのお客さんたちは迷惑顔をしているのに、それに気づくことなくお喋《しゃべ》りに夢中になっている。もしかしたら気づいているのに、子どもに注意を促《うなが》すことをしない。「みっともない」姿だと思いませんか。そうやって育てられた子どもたちは、いったいどんな大人になっていくのでしょう。こちらが心配になります。

見かねて店員さんが注意などをすれば、すかさず「子どもが騒ぐくらいいいじゃない。私はお客よ」と睨《にら》んだりする。権利意識ばかりが強くて、自分の醜い姿を想像することができない。「みっともなさ」の上塗りです。私が注意をすると、「ほら、あのお坊さん怖いから、近くに行っちゃだめよ」といわれてしまいます。それ以上は私もいいませんが、なんとも悲しい気持ちになります。

あるいは電車に乗っていると、近ごろは車内でお化粧をしたり、コンビニで買ってきたおにぎりを食べ始める若い女性を見かけます。一昔前には考えられなかったことです。公共の場で、しかも人前でパクパクと何かを食べる。それは恥ずかしい行為だとみんなが思っていました。悲しいくらいに、日本人の姿は美しさを失ったと感じます。

そういう女性がたまたま隣に座った時には、私はそっと声をかけたことが何度かあります。「電車の中でお化粧などするものではありませんよ」「電車の中で食べるのはおやめなさい」と。はっとした表情になって、素直に「すみません」という人もたくさんいます。ところが中には、ここぞとばかりにいい返してくる人もいます。

「どうして電車の中で化粧をしてはいけないんですか。別に誰にも迷惑はかけていません」。確かにその人がいうことのほうが正論かもしれません。電車内でお化粧をしてはいけないという決まりもなければ、おにぎりを食べることも自由です。ほかの人に迷惑をかけているわけでもありません。そんな時に私は穏やかにこういいます。

「確かにあなたは誰にも迷惑はかけていません。電車内で何をしようがあなたの自由です。でもね、その姿が美しいものだと思いますか。あなたの行動は、周りの人から美しいと見えるでしょうか」。この言葉を聞いた時、ほとんどの女性ははっとします。美しくありたいという気持ちがあるからこそ、私の言葉にはっとするのです。

若い人や自分の子どもを導いていく時、私たち大人はすぐに注意をしてしまいます。「そんなことをしてはいけない」「もっとこうしなければいけない」と。しかしその注意が子どもたちの反発を買うことになります。理屈で説き伏せようとしても、理屈で反発が返ってくる。きっとそういう状況の中で、大人と子どもの齟齬《そご》が生じてくるのでしょう。

心で伝えることが大事です。どうしていけないのかという理屈で説明するのではなく、美しい心を伝えるようにすること。そして何よりも、導く側の大人自身が美しい生き方を心がけることだと思います。

昔から、玄関を見ればその家庭の美しさが分かるといわれています。履物がきちんと並べられている家は、そこに住む人たちの美しさを表しています。乱雑な玄関を見れば、そこに住む人の心の乱れが見て取れます。脱いだ履物をすっと揃える。時間にすれば二秒もかかりません。たったこれだけの行為ですが、そんなちょっとした行為の積み重ねが美しい姿をつくり出していることを忘れないでください。美しい玄関の家庭で育った人は、けっして電車内でお化粧などしない。

いや、できないだろうと思います。美しい所作が身についている人は、「みっともない」ことを受けつけないからでしょう。

「脚下照顧」（きゃっかしょうこ）という禅語があります。自分の足下をしっかりと見なさいという教えです。自分の足下が見えていない人は、自分自身の姿が見えていないことと同じです。自分の姿や行為が美しいものかどうかも見えていない。そしてそういう人は、人生の行く先さえもぼやけている。大袈裟ではありません。小さな「みっともなさ」の積み重ねが、人生をダメにしている。ちょっとした美しい行為が、自分の人生を輝かせてくれる。そういうものだと思います。

美しさとは何か。それを子どもたちに伝えてください。その子たちが充実した人生を歩むために、美しい歩き方を教えてあげてください。そして何より、自分自身の所作が美しいものかどうか。日々の生活とわが身を振り返ることです。

脱いだ靴を揃える。出したものはすぐに片づける。
些細な美しい所作をいつも心がけること。
それが次に踏み出す一歩につながっていくのです。

人生に必要な道具、不必要な道具

一昔前のお年寄り。年齢でいえば六十歳くらいになるでしょうか。その年齢になれば、みんな穏やかな心をもつようになったものです。子どもたちから見れば、お爺さんお婆さんというのは、とてもやさしくて、感情的に怒ったりすることはない。いつもにこにこと笑っている。きっとそんなイメージがあったのだと思います。そんなお年寄りの姿を見るにつけ、若い人たちは尊敬の念を抱いたものです。

ところが残念なことに、最近ではとてもギスギスとしたお年寄りを見かけるようになりました。また、お年寄りの万引きも年々増えていると聞きます。イライラとすぐに怒り、万引きという犯罪まで犯してしまう。昔では考えられなかった年寄り像ができてしまいました。

さまざまな要因があるでしょう。経済的にも、年金だけでは生活していくことが難しい。子どもを頼ろうとしても、それぞれが独立しているから一年に数回しか顔を合わせることはない。孫に会えるのも年に数回。自分だけが取り残されたような寂しさに襲われる。そして将来の生活に対しての不安も襲ってきます。こういう要因が重なったために、どんどん穏やかさが失われていったのかもしれません。

それでもお年寄りは生きていかなければなりません。もしも周りに頼る人がいないとしたら、自分の力で生きていくしかない。そうなった時の方法として、私は生き方の発想を変えることが大事だと思っています。周りが変わらないのであれば、自分が変わればいいのです。

たとえば六十五歳で会社を定年退職します。前の日までは会社に出社し、ビジネスの世界で生きていた。それが今日からはすっかり住む世界が変わってしまう。すべての日常が劇的に変化してしまうわけです。四十年以上もビジネスの世界で生きてきたのですから、その習慣が身体に染みついています。朝は相変わらず六時に目が覚める。すかさず朝刊に目を通し、習慣となっているお茶やコーヒーを飲む。どこに出かける当てもないのに、なんとなくスーツに袖を通してしまう。仕方なく喫茶店に入り、ノートパソコンから流れる情報を眺めている。特に男性は染み込んだ習慣を捨てられません。それは習慣の中にいると安心するからなのです。

妻と一緒にデパートに買い物に行く。急ぐ必要などまったくないのに、つい足早に歩いてしまう。妻はもう後からついていくのにへとへとです。一時間もすれば、あれこれと迷っている妻の姿にイライラし始めます。デパートから出たら行くところなどないのに、常に時間に追われているような感覚でいる。自分からつくり出したストレスが自分自身の心を追い込んでいるようです。

ある年齢になったら、私は生き方の発想を変えるほうがよいと思っています。会社勤めをしている時には、都会に住んでいた。都会の便利さを十分に享受しながら暮らしていました。買い物をする店はどこにでもあるし、美術館も近くにある。交通機関は網の目のように走っていますから、いつでもどこへでも行くことができる。そんな生活が当たり前だと思っていた。自分はこんな生活しかできないと決めつけていた。でも、それは単なる思い込みに過ぎません。自分にはこういう生き方しかないと決めつけることで、実は自分自身を生きにくくしているのではないでしょうか。

これまでは必要だったものが、これからの人生には必要がない。そういうことがたくさんあるものです。

たとえばそのひとつに情報というものがあります。会社にいるころには、あらゆる情報の波の中で生きています。こちらが求めなくても、否が応でも溢《あふ》れんばかりの情報が押し寄せてきます。しかしビジネスの世界を離れれば、ほとんどの情報は意味をもたなくなります。意味をもたないどころか、自分にとって悪影響を及ぼすことさえあるでしょう。この情報は必要がない。そう自分が考えたとしても、知ってしまったからには気になってしまう。あちこちに面白そうなものがたくさんあって、結局はどれも選ぶことができなくなる。要するに情報に振り回されてしまうのです。

発想を変えることです。極端にいってしまえば、もうノートパソコンなんて捨ててしまえばいい。そこから得られる情報の九〇%は、真に必要なものではありません。生きていく上で必要なものだけを見ていればいい。そしてそういう不可欠な情報というものは、自然と入ってくるものだと思います。

今自分にとって必要なものは何か。今自分にとって心地よい状態とはどういうものか。ただそれだけに目を向けることです。これまでの発想を捨てることです。

それはけっしてこれまでの人生を否定するものではありません。これまでの人生を大切にしながら、新しい道を歩くための道具をもつこと。これまでの道具を一度整理することです。

ある年齢になれば、これまでとは別の道を歩いていかなければなりません。だからこそ、これまでとは違う歩き方をしなければいけないのです。

第3章 命の結びつきが心を溶かす

心のエンディング・ノート

「エンディング・ノート」なるものが流行っているようです。ある程度の年齢になった時、書き残しておきたい事項をノートに記しておく。自分が死んだ後に子どもたちがもめたりしないように、自宅をどうするとか、財産をどのように分けるとか、そんな諸々を書いておく。あるいは自分の葬儀についての希望をも書き残しておく。

もちろんそれは大切なことでもあるでしょう。財産分与のことで子どもたちがいがみ合う様子など、あの世からでも見たくはないでしょう。

残されたほうにしても、大切なものがどこにあるかが分からなかったりすると困ります。箪笥《たんす》の奥に大事そうに仕舞っていたものも見つかるでしょう。それを勝手に処分していいのかも分からない。いわゆる身の回りのことを綺麗にしておいてくれれば、子どもとしても助かることは間違いありません。

しかし、本当のエンディング・ノートとはそういうものではないような気がします。自分が言い残したかった思い。子どもたちに伝えきれなかった気持ち。自分自身がどのような思いで人生を歩んできたのか。そういう心のエンディング・ノートを残しておくことこそが、子どもたちへの贈り物になるのではないでしょうか。

「遺産相続」という言葉があります。この「相続」という言葉は、実は仏教の用語なのです。

「師の教えを弟子に受け継いでいくこと」。それが「相続」という言葉なのです。何らかの具体的な「物」を受け継ぐことではなく、師の「教え」と「心」を受け継ぐこと。それがもともとの意味です。

ところが明治政府ができて財産に関する法律をつくる時に、適当な言葉を探していた。財産を受け継ぐというような言葉はないかと。そこで使われ始めたのが「相続」という言葉でした。

それ以降「相続」という仏教の言葉は、あたかも「有形の物」を受け継ぐという意味で使われるようになったのです。

まあそれはさておき、個人が記すエンディング・ノートも、心や思いを伝えるものにしたいと思います。

自分が育った町はどんなところだったのか。そこでどんな青春時代を送ったのか。どんなことに悩み、どんなことに夢を抱いていたのか。親から叱られた時のことや、抱きしめられた時のこと。友と語り合った夜のこと。恋をして結婚し、赤ん坊が生まれた時のこと。どんな思いで子どもを育ててきたのか。何を一番に伝えたかったのか。そういうことこそを、残された子どもたちに書き記しておくことです。

子どもたちがまだ小さい時や、自分自身が生活に必死になっている時には、なかなかじっくりと人生を考えるということはできません。若かりし日々の思い出を語る暇もないものです。

しかし自分も歳を取り、子どもたちも独立した後には、誰もが自身の来た道を振り返ります。

あのころは大変だったけれど、楽しいこともたくさんあったな。あの時は子どもに向かってあんな言い方をしたけれど、あれは本心ではなかったな。もっと別の言い方をしてやればよかったな。親であっても、子どもに対して謝りたいこともあるでしょう。そんな小さなことを書き残してほしいのです。

その家庭で代々受け継がれている心。そういうものがあるはずです。大袈裟《おおげさ》なものでなくてもいい。祖父や祖母から教えられてきたこと。父や母からいつもいわれてきたこと。一つひとつの言葉を思い出しながら、今度は自分の子どもに伝えておく。それが目に見えない絆を生むことになるのです。

親子の関係とは難しい面もあります。感謝の気持ちを素直にいえなかったり、本心ではないのに逆らってみたり。溢《あふ》れるほどの愛情があるのに、それをうまく伝えられなかったりする。そんなことはどの親子にもあるものです。「言葉でなんかいわなくても、きっと分かってくれているはずだ」と。それもまた真実かもしれません。しかし、言葉にしなければ伝わらないこともまたたくさんあります。そういうことを言葉に残すことです。

子どもたちに伝えたかったこと。これまで素直にいえなかった本心。いつかいおうとして、とうとうこれまでいえなかった思い。そういうものを伝えないままに旅立つことは、親にとっても子にとってもよいことだとは思えません。何も美しい言葉でなくてもいい。名文を書こうなどと思う必要はありません。ただ素直な心になって、残された人たちへのメッセージを記しておく。それこそが本当の意味での「エンディング・ノート」なのではないでしょうか。

親は自分が生きてきた道を書き残しておく。子どもはそのノートを胸に抱くことで、生きる勇気が湧いてくるのです。

新しい三世代同居のすすめ

現代は親子が一緒に過ごす時間が少なくなったとよくいわれます。両親の元を離れて夫婦ふたりで暮らし始める。子どもができたとしても、サラリーマン家庭では父親が家にいることは少ないものです。

朝早くに会社に行き、夜は子どもが寝た後に帰宅する。休日に出勤することもあるでしょうし、何週間も出張に出かけたりもする。父親が子どもに関わる時間は確かに少ないものです。

一方の母親にしても、今や女性が社会で仕事をするのは当たり前です。子どもが生まれて半年もしないうちに、子どもを保育園などに預けて仕事に復帰していきます。

子どもは心のどこかで寂しさを感じているものです。しかし考えてみれば、それは今に始まったことではありません。昔の日本、第一次産業が主体だった時代にも、同じような状況がありました。

農業を営む家では、毎朝早くから両親ともども畑仕事に向かいました。朝ごはんを一緒に食べることも、学校に送り出してやることもできません。子どもが学校から帰って来ても、まだ両親は畑仕事に励んでいる。

農業は土曜、日曜など関係ありませんから、いってみれば一年中子どもは放ったらかしでした。

漁業にしても同じです。父親は夜明け前から漁に出ます。父親が漁から帰って来れば、母親は港に行って水揚げの手伝いをする。一家団欒《だんらん》など、それこそお盆と正月くらいしかなかったでしょう。今のように家族旅行などする暇もありませんでした。

二十代から五十代にかけての人間は、それこそ必死になって働かなければなりません。子どもたちを養うために、家族の生活を守るために、一生懸命に仕事に励む。それが社会の中では当たり前のことだったのです。

それでもきっと、昔の子どもたちは寂しい思いをしていなかったと思います。

それはやはり、祖父母の存在があったからです。

かつては三世代が同居するのが当たり前でした。両親が仕事で家にいなくても、いつも家には祖父母がいてくれる。朝にはちゃんと学校に送り出し、そして畑仕事を少し手伝ったら、子どもが学校から帰って来る前には自宅に戻る。家に帰れば必ず誰かが待っていてくれる。子どもにとってこの安心感は、とても大きなものです。「ひとりぼっち」というのは、子どもにとって恐怖にも近いものだと思います。

両親がいなくても、祖父母はいろいろなことを孫に教えてくれます。「ご仏壇にはこうしてお花をお供《そな》えするんだよ」「畳の掃除をする時には、こんなふうにすると綺麗になるんだよ」と、生活する上での知恵を自然に授《さず》けてくれます。親が教えようとすると、つい命令口調になったりします。親には時間的な余裕がありませんから、子どものゆっくりとしたペースにイライラしたりもするでしょう。

ところが祖父母にはあり余るほどの時間があります。子どもがきちんと理解するまでつきあうことができる。ゆったりとした時間を祖父母と過ごすことで、子どもの心は安定してくるのです。

お爺さんが孫に昔話をしてあげる。これは人間にとってとても大切なことなのです。たとえば八十歳のお爺さんが、自分の祖父母の話を七歳の孫に聞かせるとします。それは七歳の孫にとっては、百何十年も前の話を聞くことになります。百何十年前の自分のご先祖様が、どんな暮らしをしていたのか。どんなふうな思いで生きていたのか。まさにご先祖の生きた話を聞くことができる。これが歴史を紡いでいくということになるのです。

お爺さんやお婆さんがいてくれたからこそ、自分はこうして生きていることができるんだ。そのお爺さんもまた、お父さんとお母さんがいたから生まれたんだ。そういうことを実感として受け止めることができます。

自分の代から十代遡《さかのぼ》れば、そこには一〇二四人ものご先祖がいるといいます。二十代遡れば、一〇〇万人を超すご先祖がいることになります。そして三十代遡れば、自分のご先祖の数はなんと一〇億人を超えるのです。

想像を超えるような数ですが、もしもその中のひとりでも欠けていたとすれば、今の自分の存在はなかったかもしれない。すべてのご先祖様が歴史を紡いでくれたおかげで、自分はこうして存在することができている。そんな気持ちがあれば、生きていることへの感謝が自然と湧いてくるものです。

そういう心を子どもたちに教えてほしい。「お前たちが今ここにいるのは、奇跡のような素晴らしいことなんだよ」と教えてあげてほしい。小さいころにこうしたことを教えられた子どもは、大人になっても命を粗末にしません。命を粗末にしないということは、すなわち他人に対して温かくやさしい気持ちになれるということです。

そしてそういう思いやりある大人になれば、きっと社会で役に立つ存在になります。社会から望まれる人間に育っていくのです。

三世代同居をしたくても、なかなか状況が許さない。そういう人がたくさんいます。しかし、できることなら同居する方策を真剣に練ってみることです。可能性を探ってみることです。べったりと一緒に暮らさなくても、常に体温を感じることができるような状況をつくることです。それが子どもたちにとっても、祖父母にとっても、自分たちにとっても必ずプラスに働いてきます。

大人になれば親から独立して田舎を出ていく。都会で仕事をしながら結婚し、小さなアパートの中で、ふたりで子どもを育てていく。そんな社会的モデルはもう崩壊しているような気がします。それなのに、まだそんな古いモデルに縛られている。昔の三世代同居に戻るというのではなく、新しい三世代同居の形をつくり上げていく。そういう時代になってきたと思います。

親は子に、生きていくための知識を与えればいい。
そして祖父母は孫に、生きていくための知恵を授けていく。
糸を紡ぐように、家族の歴史を伝えていくことです。

どうしてお墓が必要なのでしょうか

「自分が死んだ後には、お墓なんか造らないで、海に散骨してほしい」。そんな遺言をする人も増えているそうです。

実際に何人かで一緒に舟に乗り、お骨を海に撒《ま》きに行く光景も報じられたりしています。実は海に散骨するという行為は、法律的には認められていません。ただ黙認されているというのが現状なのです。

まあ法律的に認められているかどうかはおいておいて、やはり散骨という葬り方には疑問を抱きます。当の本人からすれば、なんとなくロマンチックな気がするでしょう。しかし実際に残された人にとって、故人を偲《しの》んでお参りをする「場」というものがありません。

たとえば夫のお骨を海に散骨する。妻としてはそれで満足かもしれませんが、自分の孫に「お爺ちゃんはどこで眠っているの？」と聞かれた時に、「海の中にいるのよ」と返すしかありません。いったいどこの海に眠っているのか。お線香を上げようにも置く場所さえありません。実際に、「やはり海に散骨などしなければよかった」という声を私は何人もの人から聞いています。

人間というのは、やはり自分の生きざまみたいなものを残したいという欲求があります。ここに自分は眠っているんだという確かなものを残しておきたい。きっとそこには家族や友人たちがお線香を上げに来てくれる。自分が死んだ後も忘れないで会いに来てくれる。その姿が見えるかどうかは分かりませんが、見えると信じることで安心して旅立つことができるのではないでしょうか。

別に立派なお墓を造る必要などないでしょう。先祖代々のお墓がないのなら、小さなものを造るだけでいい。それは、残された者への気遣いだと思うのです。

お墓など要《い》らないという理由の中には、自分たちが死んだ後に、お墓の世話をする人がいないからという場合があります。自分たちには子どもがいないから、お墓を造っても誰も面倒を見る人がいない。あるいは娘はいるが、遠くに嫁に行ってしまった。いちいちお墓を守るために帰って来ることもできないだろう。そんな理由から、自分たちではお墓を造らず、「樹木葬」などにする人も増えています。

きっとこういう方法はどんどん増えていくでしょう。少し切ない気もしますが、こうした形式は本人さえ納得すればいいことではないかと思います。

かつてお墓の存在は、家族にとって大切なものでした。家族というより、その一族にとって不可欠なものでした。

本家には代々受け継がれてきたお墓があります。そのお墓を中心にして、分家されたそれぞれの家族が新たにお墓を造る。お盆になれば、本家の人間も分家の人間も、みんながお寺に集まって、一緒に供養をしたものです。

そういう「場」に集《つど》うことで、家族や親戚であるという絆を再確認したりする。たくさんの叔父や叔母たちが、子どもたちの成長を見守っている。子どもたちはそういう中から、ご先祖様の存在を心と身体で感じることができたのです。本家や分家などという言い方もしなくなりました。親戚づきあいもだんだん希薄になっています。そんな環境が、孤立する人たちを生み出しているのだと思います。

私どものお寺のお檀家さんの話をします。ご家族はずっと横浜で暮らしてきました。ご夫婦と息子さんと娘さんの四人家族です。ご長男がいるのですから、将来的なお墓の心配など微塵《みじん》もしていませんでした。

ご主人の実家は青森県にあり、分家して家を出てきたわけです。分家だからという理由で私どもの寺にお墓を造ることになりました。いずれ自分たちが入り、長男に後を継いでもらい、子どもや孫たちにお参りしてもらおうと、ご夫婦は考えていたそうです。

ところが、ご主人が病気で旅立って数年後、予期せぬ事態が突然起こってしまったのです。不幸なことにご長男が二十代半ばにして事故で亡くなってしまいました。

残るご長女はすでに結婚しています。もしも自分が死んでしまったら、いったいこのお墓は誰が世話をしてくれるのだろう。奥様の心配は募《つの》るばかりでしたが、有難いことに、ご長女のご主人が次男坊ということもあり、自分たちがお墓を継ぎますといってくれた。この言葉に心からほっとしたといいます。

しかし、さらに不幸が重なりました。ご長女が三十九歳という若さで癌を患《わずら》ってしまったのです。病気の進行も早く、あっという間にお亡くなりになり、とうとう奥様はひとりぼっちになってしまいました。

娘さんには子どももなく、ご主人にしても、もうこれでお墓を継ぐという理由はなくなります。まだ若い身でもありますから、再婚などをすれば妻と同じ墓に入ることもできません。そうなれば、自分が死んだ後にはお墓を守ってくれる人は誰もいなくなる。奥様は途方に暮れました。

自分もそろそろ八十歳に近づこうとしている。みんなのところに行く日もそう遠くはないだろう。家族が生きた証ともいえるこのお墓は、いったいどうなってしまうのか。考えるだけで寂しさがこみあげてきます。そんな時、青森のご主人の本家から電話が入りました。

「あんたにもしものことがあったら、みんなで青森に来ればいい。本家の隣に墓を造れば、こっちで一緒に法事をしてあげるから。ずっと誰かが責任をもってお墓を見てあげるから。何も心配することはないから。できればあんたが元気なうちに、青森へ墓地を移したほうがいい。そうすれば親戚一同皆安心していられる」と。

横浜から遠く離れた青森の本家。せいぜい一年に一、二度しか訪れたことはなかった。疎遠というほどではなかったにしろ、それほど深い関係を築いてきたわけでもありません。それでも「青森で面倒を見る」といってくれる。奥様はその言葉に涙が出てきたそうです。

今では珍しいケースかもしれませんが、昔ならばこういう話はよくあったものです。親戚の絆という温かさがありました。実際には血のつながりのない親戚もたくさんいました。それでもみんなが「一族」という意識をもち、助け合って生きていたのです。

今では親戚づきあいを深めるどころか、できれば避けたいと思う人も増えているようです。全国に散らばっているのですから、滅多に会うこともありません。そんな状況も手伝って、どんどん関係が遠ざかっていく。仕方のない面もあるでしょうが、わざわざ疎遠にすることもないと思います。

生きていく上で、私たちはさまざまな縁を結んでいます。もちろん根本にあるのは家族の縁です。それを中心に、会社や職場での縁や近隣社会との縁、同じ学校という縁もあり、趣味で結ばれる縁もあります。その中に、縁があって親戚になった人たちがいる。どの縁も大切なもので、切り捨てる縁などありません。互いに心地いい距離を取りながら、互いのために心を尽くしていく。そんな心でたくさんの縁と向き合うことが、結局は自分自身を生きやすくすることになるのです。

さて、お墓の話をする時に、私はご仏壇の話もします。お墓が足を運ぶ「場」であるとすれば、ご仏壇はいつもそばにある「場」です。故人を偲びたいと思っても、たびたびお墓に足を運ぶこともできません。そこでご仏壇の存在意義が出てくるのです。

かつての日本家屋には、必ず仏間がありました。家を建てる時には、まずはご仏壇を設《しつら》えるための場所をつくる。仏間には朝夕に家族が集まってくる。お線香を上げるために、お水を取り替えるために、誰かしらが足を運んでいました。夫婦喧嘩をしていても、親子でいさかいが起きていても、ご仏壇の前では休戦状態になる。喧嘩はちょっとおいて、とにかくご仏壇に向かって手を合わせる。それだけのことで、互いの心が少し和《やわ》らいだりしたものです。これこそご先祖様の力です。

ところが現代のマンションの造りでは、なかなかご仏壇を置く場所が確保されていません。ただでさえ狭いのですから、とても大きなご仏壇などは置けません。しかし今では、とてもコンパクトなご仏壇も売られています。

どんな小さなものでもいいから、やはり家の中にはご仏壇を設えてほしい。毎朝毎晩ご仏壇に向かって手を合わせる。そんな両親の姿を見て育った子どもは、きっと心穏やかに育つと思うのです。

何も宗教心を植えつけるということではありません。ご仏壇でなくても、神棚であってもかまいません。もっといえば、亡くなったお爺さんの写真でもいい。写真の横にお線香を立てる場所を作れば、それも立派なご仏壇になります。要は、手を合わせる「場」を家の中に作っておくことが大事なのです。

毎朝出かける時には、「今日も無事でありますように。頑張ってきます」と手を合わせる。家に帰れば「ただ今帰りました。今日も一日ありがとうございました」と手を合わせる。ほんの二秒くらいのものです。それでも、その短い時間の中に、わずかな心の安寧《あんねい》が生まれるものです。イライラした心や怒りの感情が薄れ、感謝の気持ちが芽生えてくる。そういうものです。

お墓やご仏壇がどうしてこれまで消えてなくならなかったか。それは、私たちにとって必要な「場」だからです。亡くなった人にとっては「自分の生きた道を遺す場」。残された人にとっては、「大切な故人に思いを馳せる場」なのです。「心の居場所」をもつことで、人間は強くなれるのだと思います。

お墓は亡くなった人と残された人をつないでくれる「場」なのです。

親が死んで初めて、自分も親になる

自分の親が亡くなった年齢というものは、心のどこかで意識したりするものです。父親が六十歳で亡くなったから、きっと自分も同じくらいの歳で死ぬのだろう。両親ともに九十歳まで生きたのだから、自分も長生きするにちがいない。あるいは年齢だけでなく、父親が癌で亡くなったから、自分も最後は癌で死ぬのだろうと思ったりする。

考えてみれば、それらは何の根拠もありません。もちろんDNAを受け継いでいるのですから、体質などは似ている面もあるでしょう。しかし育った環境も違えば、生きてきた時代も異なります。いくら父親が癌になったからといって、子どもまで同じ癌になるというのは、科学的には根拠が薄いものだと思います。冷静に考えれば父親と同じはずはないのに、どこかで同じような年齢までしか生きられないと思っていたりする。というよりも、父と同じくらい生きるのが自分に課せられた義務のように感じているのでしょうか。

私の父が、祖父の亡くなった年齢になった時、こういったのを覚えています。「私も父が亡くなった年齢になった。なんだかほっとした気分だ。これからの人生はおつりのようなものだ」と。どこか清々しい表情をしながら話していたことを覚えています。その時にはあまり理解できませんでしたが、私自身も父が亡くなった時に同じようなことを思ったものです。人間の寿命が親と同じであるはずはありません。それぞれが違った寿命をもっている。それが分かっていても、どこかで子どもは親の死にざまをモデルにしているのでしょう。

そういう意味からすれば、親を亡くした時にこそ、初めて分かることがあります。これまでは漠然と考えていた死についても、親が亡くなることで考えるようになる。「次は自分の番だな」という思いが生まれてきます。そして親が亡くなった時に、初めて気がつくこともあるのです。父が自分に残そうと思ったこと。父が人生を通して自分に伝えようとしたこと。言葉では残さなかったけれど、死をもって伝えることがあります。そんな目に見えない心を受け継いでいく。それが親子というものかもしれません。

これまで私が執り行ってきた数々のご葬儀の中で、心に残るものがあります。あるお二方のお檀家さんのご葬儀を執り行い、私はいろいろなことを考えさせられました。

ひとりの方はAさん。Aさんは大企業を定年退職された人です。一流企業の第一線で仕事をし、最後は相当な地位にまで上り詰めた人です。お墓参りに来る時にも、いつもびしっとスーツを着こなし、とても定年退職された方には見えないほどでした。息子さんも同じく一流企業に勤めるエリートサラリーマンです。まるで絵に描いたようなご家庭です。

そのAさんが亡くなられた時、私のお寺でお通夜とご葬儀を執り行うことになりました。ご葬儀の打ち合わせにいらした奥様と息子さんはいいました。

「父は社会的な地位があった人間なので、おそらく通夜と葬儀には大勢の参列者が来ると予想されます。そのための準備をお願いします」

大人数の会葬者が見込まれるお通夜というのは相当なものです。お寺としても万全の準備をしておかなければなりません。お酒などの手配も大変ですし、駐車場が満杯になった時の算段も考えておかなければなりません。お寺のスタッフ総出で準備に取りかかりました。

そしてお通夜の日。各方面からたくさんの生花が届き、祭壇の周りに飾られました。しかし、息子さんたちの予想に反して、お寺に足を運んでくる人はパラパラとしかいません。予想とはまったく逆で、一〇〇人にも満たない数です。そしてお通夜に参列した人たちも、お焼香が終われば足早に帰っていきます。お酒を酌み交わしながら故人を偲ぶ人もあまりいない。準備したお酒や食べ物は綺麗に残されたままでした。翌日のご葬儀も、参列者の数は増えません。ご葬儀が終わり、奥様と息子さんは、少し寂しそうな顔でお寺を後にしたのです。

もうひとりのBさん。Bさんは地元の人で、中学を卒業すると親の後を継いで、小さな工場を経営していました。経営といっても、従業員は三人ほどの小さな工場です。仕事の途中なのか、作業着のままでお墓参りをする姿を何度となく拝見していました。いつもニコニコされていたBさん。その笑顔を見るだけで、心が温かくなったものです。

息子さんは工場を継ぎませんでした。どうせ潰れるような工場を継ぐのは嫌だと、会社に就職して勤め人になっていました。いつも油まみれの父親。いくら働いても生活は楽にならず、損な役回りばかりをしている。そんな父親の姿を見て育った息子さんは、どこかで父親を軽んじていたのかもしれません。自分はあんなふうな生き方はしたくないと考えていたのでしょう。

ご葬儀の打ち合わせにBさんの息子さんが訪れました。

「父は小さな町工場のオヤジですから、たいして仕事関係の人間もいないでしょう。通夜や葬儀に来てくれる人も少ないと思います。親戚などを合わせても、五〇人くらいの準備で十分です」

息子さんはそういいました。そしてお通夜の当日。参列する人は後を絶ちませんでした。お通夜が終わってからも、次から次へと人がやって来ます。東京や神奈川ばかりからではなく、遠くの県からも人が駆けつけてきました。一〇〇人、二〇〇人どころの人数ではありません。そして多くの人たちは、お焼香を済ませても帰ろうとはしないのです。互いにお酒を酌み交わしながら、生前のBさんの思い出を話している。あっという間にお寺は大勢の人たちでいっぱいになりました。

たくさんの見知らぬ人たちが、息子さんのところに挨拶に来ます。そして口々にお礼の言葉を伝えるのです。

「あなたのお父さんには、本当に世話になりました」「私が苦しい時に、手を差し伸べてくれたのが、あなたのお父さんでした」「あなたのお父さんがいてくれたおかげで、今の私があるのです。本当にありがとうございました」。息子さんの手を握りしめ、多くの人がお礼をいいます。最初は驚いていた息子さんの表情は、やがて涙へと変わっていきました。

ご葬儀が終わった後、息子さんは私にいいました。

「父はとても無口な人でした。ただ毎日、油にまみれて働く姿しか覚えていません。父から何かを教えられるということもありませんでしたし、学ぶことなどないと思っていました。でも、そうではなかったんですね。今私は、心から父のことを尊敬しています。あんな素晴らしい父親に育てられたことを、心から誇りに思います」と。

ＡさんとＢさん。どちらがいいとか悪いとかいうことではありません。Ａさんも一生懸命に仕事をして、家族にいろいろなものを残されました。社会的に高い評価を得たというプライドや、その結果として得た財産を子どもに残しました。一方のBさんは、社会的な地位や財産は残しませんでしたが、多くの人から感謝されるという贈り物を残しました。そのどちらもが、父親として必死に残したものだと思います。

親は子どもに、何かを残してやりたいと願っています。何かを伝えてやりたいと思っています。子どもから見ればぐうたらな父親であっても、自分が生きた証を受け継いでほしいと願っている。親とはそういうものでしょう。そして子どもは、親から何かを受け継ぎたいと思っています。形のあるものであったり、形のないものであったり。どんな小さなものでも、両親から何かを受け継ごうと思っている。そして自分が親から受け継いだ大切なものを、今度は自分の子どもに伝えようとするのです。

親子の縁はけっして切れるものではありません。いや、切ってはならないものなのです。親は子のことを思い何かをしてあげる。時にその気持ちが子どもに伝わらずに、反発や憎しみに変わることもあります。感謝の気持ちは一しかもてないのに、反発や憎しみの気持ちは三にも四にも膨らんでいくものです。親子であるが故《ゆえ》に憎しみが増長することもあるでしょう。それは仕方のない面もあるかもしれません。

親への感謝の気持ちが一〇になり、反発や憎しみがすっと消えていく。それは、きっと親が旅立った時に初めて湧いてくる感情ではないでしょうか。「親の心子知らず」とはよくいったものです。もしかしたら、人は自分の親が死んで初めて、自分も「親」になるのかもしれません。

親の死。それはとても悲しいことでもあります。しかし、それを経験した時、人はまたひとつ成長していくのです。

自分の弱さをさらけ出せる場所をもつ

現代は、社会全体が閉塞感に包まれています。政治は停滞し、経済もまったくよくならない。テレビをつければ犯罪や事故などの暗いニュースばかりが流れています。安心して豊かな心で暮らすことができない。老後の心配どころか、明日の心配の中で生きている。そのストレスは大変なものです。

ストレスを抱えたり、困ったことがあった時、いったい誰に相談すればいいのでしょう。一昔前までは血縁や地縁、あるいは社会の縁というものがしっかりとしていました。周りを見渡せば、そこには必ず助けの手を差し伸べてくれる人がいました。直接的に解決はできなくても、何らかのアドバイスをくれる人たちがいた。あるいは話を聞いてもらうだけで、元気になったりしたものです。そういう意味で現代社会は、心の拠《よ》りどころが失われた時代ともいえるのかもしれません。

昔のお寺というのは、よろず相談所のような存在でした。村には必ずお寺があり、そこが地域社会の人たちを見守っていました。子どもたちはお寺の境内で遊んでいる。日が暮れると住職が出てきて、「そろそろ家に帰りなさい」と子どもたちに声をかけます。親もお寺で遊んでいるのですから安心です。少しくらいの怪我《けが》であれば、僧侶がちょっとした手当てをしたものです。

大人にとっても、お寺は心の拠りどころとなっていました。仕事がうまくいかない。夫婦喧嘩をしてしまった。村の中で意見の対立が起きてしまった。事あるごとに村人はお寺にやって来て、住職に相談をもちかけました。もちろん住職とて、すべての問題を解決できるはずはありません。ただその人の悩みをじっと聞き、大きな生き方のアドバイスをするだけです。

仕事がうまくいかない。誰かと仲違《なかたが》いをしてしまった。そういう人に向けて、「そうなった原因をゆっくりと考えてみましょう。もしかしたら、あなた自身が何かに執着してはいませんか?」と問いかける。たったそれだけの問答のような言葉で、いろいろな心の問題を解決に導いたものです。しかし現代は、残念ながらそういう役割ができるお寺が少なくなってきました。お寺に足を運ぶ人も少なくなってきました。せいぜい法事やお盆やお彼岸《ひがん》の時にしかお寺に足を向けなくなりました。

もともと仏教とは、人々の悩みや苦しみを少しでも和らげるためにあるものです。お釈迦様に相談する代わりに、修行を積んだ僧侶が悩みを聞かなければなりません。悩みに対する具体的なアドバイスはできなくても、苦しみから抜け出すための考え方を指南することはできます。それこそが僧侶の本来の役割であって、私たちはただ葬式をするために僧侶として存在しているわけではないのです。

もしもお寺から人々が遠ざかっていたとすれば、それは僧侶のほうの責任でもあるように思います。せっかく結んだ縁なのですから、一人ひとりのご縁をお寺の側も大切にしなければなりません。僧侶である私がいうのもおかしいかもしれませんが、もう一度お寺の存在意義を問い直す時代なのかもしれません。

さて、心の拠りどころということでいえば、やはりその基盤となるのが家族であると思います。家族の絆をしっかりと見つめ直すことが必要です。「家族」とは何かを、もう一度考えてほしい。一組の男女が出会って、互いに惹《ひ》かれ合う。結婚をして、やがて子どもが生まれる。ふたりで一生懸命に働いて、自分たちの家を建てる。それが家族だと思ってはいませんか。しかし、それらは単なる「形」に過ぎません。結婚しているから家族。子どもがいるから家族。一軒の家に一緒に住んでいるから家族。ついそう思ってしまいますが、それは表面的なことでしかありません。

本当の意味での家族とは、その場所に真の安らぎがあること。そして、そこに暮らす家族のみんなが、その場所こそが心の拠りどころになっているということなのです。四人で住んでいても食事の時間はばらばら。子どもと顔を合わせても会話さえ生まれない。それどころか、家にいるとなんとなく落ち着いた気分になれない。会社にいたほうがまだ気持ちがほっとする。もしもそういう人がいたとすれば、それは家族が心の拠りどころになっていないということです。ならばその人にとって、家族の存在とは何なのでしょうか。

人は誰しも、弱さをもっています。当たり前のことです。もしかしたら強さよりも弱さのほうが多いかもしれない。それでも社会の中では、その弱さを見せることはできません。強がって生きていかなくてはならないこともあるのです。時には見栄を張らなくてはならないこともあるでしょう。弱みばかりを見せていれば、そこに付け入られることもある。一歩家から出れば、みんなが何かと闘っているのです。

「あるがままの自分でいること」。それがもっとも大切なことだと禅では教えています。しかし「あるがままの自分でいること」は、とても難しいことでもあります。そこには強さも伴わなくてはなりません。自分が「あるがままでいたい」と望んでも、周りがそれを許してくれないこともあります。人間はみんな自分を大きく見せたいものです。できることなら弱みなどは見せたくないものです。しかしそんな生き方をしていれば、いつか必ず無理がきてしまう。大きなストレスに襲われ、自分自身がダメになってしまうことさえあります。強がりだけでは生きてゆけません。

ですからこそ、自分の弱さをさらけ出せる場所が必要なのです。見栄など張らなくてもいい場所。強がらなくても受け入れてくれる場所。心が傷ついた時に羽を休める場所。その場所こそが家族でなくてはいけない。どんなに外で辛いことがあっても、家に帰ればそこに安らぎが待っている。自分のすべてを受け入れてくれる家族が待っている。その安心感があればこそ、また次の日には外へと飛び出していく勇気が湧いてくるのです。

子どもが独立すれば、家族は別々に暮らすようになります。親子三世代で暮らしたいと思っても、それを許してくれない状況もあるでしょう。ですから私は「家族が集まる日を必ずつくってください」といっています。日ごろは遠くに離れていても、一年に何度かは必ず家族みんなが集まる日をつくる。これはとても大事なことだと思います。お盆やお正月だけでなく、意識をして集まる日をつくってください。

家族なんだから、無理して会わなくてもいいだろう。会わなくても分かり合えている。両親も元気そうだから、わざわざ会いに行く必要もない。確かに何年会わなくても、家族であることには変わりはありません。しかし、それは家族の「形」が変わらないということに過ぎません。家族といえど、その「心」は移ろっている。歳老いた親には、新たな弱さが生まれているかもしれません。

「仕事は順調だよ」と息子は電話ではいうかもしれない。しかしそれが本当かどうかは、会えばすぐに分かるものです。実際に会って、互いの目を見て話をする。そばにいる温度を互いに感じ合うことです。人と人の絆というものは、理屈や言葉だけでは生まれないのです。

あるがままの自分でいられる場所。
自分の弱さをさらけ出せる場所。
それはやはり、家族だけなのです。

曖昧という変幻自在の心をもつ

日本人は無宗教の人が圧倒的に多いといわれています。「あなたが信仰している宗教は何ですか」と聞かれても、「特にありません」とつい答えてしまいます。これは外国人などにはどうやら理解できないようです。彼らはキリスト教やイスラム教などという確固たる宗教をもっていますので、それが心の拠りどころとなり、生きる上での指標になっている。彼らにとってみれば信仰心の薄い日本人は、とても曖昧で捉えどころのない民族に思えるでしょう。

しかし日本人の心に、宗教心がないかというと、けっしてそうではありません。毎年お正月に神社や仏閣にお参りに行くという人は、全体の八〇％を超えているそうです。一年の初めの儀式としてお参りに行く。神社に行く人もいればお寺に行く人もいる。一生懸命に手を合わせて家内安全を願っている。ひとつの宗派に属しているわけではないのですが、心の中には仏様や神様にお祈りをするという宗教心が根づいています。

お正月には神社にお参りに行き、お葬式はお寺であげる。クリスマスにはみんなで集まり、家の中には神棚と仏壇が設えられている。なんともごちゃまぜです。自分自身でさえ何を信じているのかが分かりません。その結果として「私は無宗教です」とつい答えてしまうのでしょう。しかし、これこそが日本人のもっている、素晴らしき「曖昧さ」と「寛容さ」ではないでしょうか。

もともと古来の日本は神道《しんとう》でした。ところが中国から仏教がやって来ました。おそらく欧米であれば、これまでの神道を守るべく、仏教を排除しようと動いたでしょう。ところが日本人はその争いをいかに避けるかを考えました。どうすれば神道と仏教が同時に成り立つか。そこで考え出されたのが「本地垂迹説《ほんじすいじゃくせつ》」です。これは「本当は仏教の仏が日本では神道の神として現われたもの」という考えです。その代表的な存在が、「権現様《ごんげんさま》」というものです。「権現様」というのは、仏様が神様になった化身であると。なんとも曖昧な存在のようですが、この「権現様」こそが宗教間の争いを避けるものになったのです。

実際に明治に入るまでは、神社とお寺はうまく共存していました。箱根権現にしても、箱根神社と曹洞宗のお寺が共存したものでした。日光にしても東照宮と輪王寺《りんのうじ》が一緒にあります。中には「神宮寺」などという名前がつけられたお寺がありますが、これもまさに「神様」と「仏様」が共存していたという証拠です。どんな宗教を信じるか。どんな宗派に属するか。そんなことを決めつけるのではなく、それぞれが心の中に「権現様」をもっていればいい。違う宗教を信じることで争い事を起こすなど、それこそ本末転倒だ。きっと昔から日本人はそう考えたのでしょう。

とまあ前置きが長くなってしまいましたが、こうした曖昧な宗教心が、日本人の人づきあいにも影響していると考えられます。欧米などの人間関係は、とてもはっきりとしています。その人が好きか嫌いか。敵か味方か。自分と合うか合わないか。常に白黒がはっきりとしています。はっきりさせることが互いにとっていいことだと信じているのかもしれません。

「あなたはAさんのことをどう思いますか？」と聞かれる。「私は好きです」「私は嫌いです」と答える。とても歯切れのよい答えに聞こえますが、答えをはっきりさせることで、その人間関係は決まってしまう。「嫌いです」といわれたら、もうどうしようもありません。もしかしたら縁がある人かもしれないのに、そこで関係は切れてしまいます。

そうではなくて、答えの中に隙間を作っておくことです。「あまり好きではありませんが、でもAさんのいいところはよく知ってます」と答える。あるいは「まだAさんのことはよく知らないので、好きだとか嫌いだとかはいえませんね」と、本当はよく知っていたとしてもそう答える。なんとなく曖昧で、まるで自分の意見がないかのように思えるでしょうが、こうした曖昧さが人間関係には必要なのだと私は思います。

曖昧という言葉はあまりいい意味で使われません。しかしこの言葉は、裏を返せば変幻自在の心をもつことでもあるのです。たとえば「私はあの人が嫌いだ」といいきる人。何か酷いことをされて嫌いになったのなら仕方がありませんが、多くの場合はそうではありません。好き嫌いの判断をする時に、実は何らかの先入観をもっていることがとても多いのです。誰かの噂話を聞いて、初めから嫌いだと決めつけている。「あの人はこういう人だから」という言葉を信じて、自分が判断せずに嫌いになったりする。つまり人づきあいの中で生じる好き嫌いという感情は、先入観によって生み出されたものがほとんどなのです。

色眼鏡をかけたままで人を見てはいけません。色眼鏡をかけた瞬間から、人間関係の幅は一挙に狭くなります。色眼鏡をはずして、自分自身の目で判断することです。「あの人はこんな悪いところがある」という言葉など鵜呑みにせず、自分自身が判断することです。先入観を捨てて、素直な気持ちでその人と接してみる。すると周りがいっていた「悪い部分」というのが、実は自分にとっては素晴らしいものだと思うこともあります。人間の性格や人となりというものは、見方によってまるで反対の感じ方をするものです。「これがいい性格」「これが悪い性格」というものなど存在しません。やさしさというのも然《しか》りです。やさしさの表現の仕方はみんな違いますし、受け取る側もそれぞれです。厳しい言葉をやさしさだと感じる人もいれば、それを意地悪だと感じる人もいます。受け取る側がかけている眼鏡の色によって評価が分かれたりするのです。

「悟無好悪」（さとればこうおなし）という禅語があります。「人に対しても、あるいはどんなことに対しても、先入観をもつことなく、あるがままの姿を認めることさえできれば、好き嫌いなどはなくなってしまう」という意味です。

思えば人と人との関係は、とても不思議でとても曖昧な縁で成り立っています。夫婦になるのもそうです。同じ時代に生まれた者同士が、何かの縁があって出会う。それは生まれつき決められていたものではなく、不思議な縁がふたりを結びつける。出会って結婚する人もいれば、別れてしまう人もいます。それもまた明確な理由があるわけでなく、言葉には言い表せない縁なのでしょう。

同じ会社で仕事をするのも縁です。数多《あまた》ある会社の中で、たまたま同じ会社を選び、たまたま同じ部署に配属される。あと一年遅れれば別の上司だったかもしれないし、あと一年早ければ別の部下だったかもしれない。この地球上で、たまたま日本人として生まれ、たまたま同じ時を生きている。奇跡のような出会いだと思いませんか。

そんな「曖昧で素晴らしき縁」を大切にしたいものです。相手と自分との関係。そんなものを決めつけたところで意味などありません。もしも望まない縁だと思っても、あえて切ることもせず、自然の流れに委《ゆだ》ねていればいいのです。人生の中で、自分にとって善き縁は必ず残っていきます。自分が望まない縁というのは必ず消え去っていきます。不思議なもので、縁とはそういうものなのです。今自分の周りにあるたくさんの縁。その縁に感謝をしながらも、執着をしないことです。「この人とは一生つきあいたい」「この人とは早く別れたい」。一時期の感情から決めつけてしまうのではなく、なんとなく曖昧なままにしておけばいいのです。それはけっして優柔不断ということではなく、生きていくためのひとつの知恵だと私は思っています。

そして、その曖昧な人間関係の中から、きらりと光る縁を見つけるためには、色眼鏡をはずすことです。赤い色の眼鏡をかけていたら、赤い洋服の色は分かりません。悪意という眼鏡をかけていたら、敵は増える一方です。損得という眼鏡をかけていたら、真の友人はいなくなってしまいます。生まれた時にもっていた純粋無垢な目で、周りの人たちを見ることです。

人づきあいの中には曖昧さがあります。
それは当たり前のこと。
なぜなら人間の心そのものが曖昧なのですから。

「合掌」の左手は自分自身、右手は大切な人

私が住職を務めている建功寺には、週末にはたくさんのお檀家さんがお墓参りに訪れます。お盆やお彼岸、歳の暮れやお正月などだけでなく、ごく普通の日にもお寺に足を運ぶ人たちがいます。私は長年にわたって、そんなお檀家さんの姿を見てきました。

もう何十年も前のことになるでしょうか。ひと月に一度、必ずお墓参りにいらっしゃるお年寄りのご夫婦がいました。そのご夫婦は、いつも小さな男の子を連れて来ていました。きっとお孫さんだと思います。

まだ幼い子どもですから、お寺の中を走り回り、楽しそうに遊んでいます。お爺さんとお婆さんがお墓の掃除をしている時も、ちっとも落ち着きません。それでもお墓が綺麗になると、お爺さんお婆さんがするように、お墓の前で小さな手

を合わせていました。その光景は、とても心が和《なご》むものでした。

お爺さんが亡くなると、お婆さんとふたりでやって来るようになりました。少し大きくなった男の子は、お婆さんが転ばないように手をつないでいます。お水を汲んで来て、お墓掃除の手伝いも一生懸命にしていました。

やがてお婆さんも亡くなると、今度は母親と一緒にお墓参りにやって来るようになりました。もう中学生くらいになり、学校も忙しくなります。さすがにひと月に一度とはいきませんが、それでも時間をつくってはお墓参りにやって来ました。母親を連れて、お爺さんとお婆さんが眠っているお墓に手を合わせる。その姿は私の目にも焼きついていました。

その後、男の子はすっかり立派な青年に成長しました。ある日、その男性が小さな子どもを連れてやって来ました。私は初め、誰だか思い出すことができなかった。しかし、彼の手を合わせる姿を見た時、それがあの小さな男の子だったことに気づいたのです。

小さいころからお爺さんとお婆さんに手を引かれてお墓参りに来ていた。そして今は、自分の子どもの手を引いて、ご先祖様のお墓参りに来ている。その光景を見た時、私は胸が熱くなったものです。

ご先祖様のお墓の前で手を合わせる。「合掌」をするわけです。この「合掌」には、仏教的な意味があります。合わせた手の左手は自分自身です。そして右手は自分以外の相手だとされています。自分以外の誰か。それは時には仏様であったり、ご先祖様であったり、あるいは今自分と関わっている他人であったりします。そんな自分以外の相手と、自分の心をひとつにすること。それが「合掌」の意味するところなのです。

自分以外の誰かを敬《うやま》うという気持ちをもつこと。それが「合掌」であり「礼《らい》拝《はい》」なのです。手を合わせることで、自然と感謝の気持ちが湧いてきます。誰かに対する感謝の気持ちが生じれば、そこには争い事は生じません。怒りの感情やイライラした心もすっと消えていきます。第一、手を合わせたままで相手を攻撃することなどできません。

お墓の前で静かに手を合わせる。そこで何を思ってもかまわない。「志望校に合格させてください」と亡くなったお爺さんにお願いするのもいい。「これから自分はどう生きればいいのですか」と墓に眠る父に聞くのもいい。「なんとかしてください」とご先祖様に訴えるのもいい。思うことなど何でもいいのです。大切なことは、合掌をしながら自分自身を見つめる時間をもつということなのです。

幼いころから祖父母に手を引かれてお墓参りに来ていた男の子。彼は立派な男性に成長し、とても穏やかな顔をしていました。どんな仕事をしているかは知りません。どんな人生を送っているのかも知らない。しかし、きっとまっすぐな人生を歩いている。私はそう信じています。

親から子へ、祖父母から孫へ。大切なものをつないでいかなければなりません。財産や土地などを受け継ぐというのではなく、その心を受け継いでいかなくてはならない。それが家族としての絆を強くするのです。そういう意味でも、やはり三世代でともに暮らすことは大切なことだと思います。

いろいろな障害はあるかもしれません。それでも、少しだけ時代を振り返ることです。前にばかり進むのではなく、過ぎてきた時代のよさに目を向けること。かつて日本社会がもっていた素晴らしいもの。現代社会の中で忘れ去られたもの。少しだけ昔を振り返り、忘れてきたものを取りに行ってほしいのです。

「とんち」で有名な一休和尚。ある時一休さんが、お祝いの一筆をある商人から頼まれました。孫が生まれたので、そのお祝いに何か言葉を書いてほしいというのです。そこで一休さんはこう書いたそうです。

「親死に、子死に、孫死ぬ」と。

受け取った商人は怪訝《けげん》な顔で尋ねました。

「せっかくのお祝いの言葉なのに、どうしてこんな縁起の悪いことを書くのですか？」と。

一休さんはこう答えました。

「親が先に死んで、その次に子どもが死んで、そして最後に孫が歳老いて死ぬ。これこそが本来の順番なのです。そして、その通りに旅立っていくことこそ、あなたの家にとって一番幸せなことなのですよ」

人生の生き方や死に方に答えなどあるはずはありません。ただ、この順番だけはひとつの幸福の答えなのです。

その順番を身をもって知ること。それが人間としての、ひとつの幸せの形であることを知ること。そのためには、やはり三世代の交流を密にすることです。あなたの祖父母の思い出を、あなたのお孫さんに語ってあげてください。それが、家族の絆ということです。

お墓の前で、静かに手を合わせてください。
それが叶わないのなら、家の中に手を合わせる場所をつくってください。自分自身の心のために。

第4章

あなたの命は大切な預かりもの

絶望を受け入れてこそ、希望の光が灯る

私の知人から聞いたAさんの話です。Aさんは若いころから出版社で編集の仕事をしていました。頭の回転がとても速く、編集者としても高い評価を受けていたそうです。深夜まで仕事をし、作家とお酒を酌み交わす毎日。その会社人生は充実したものでした。

ところがそのAさんが、五十歳の時に病に倒れました。脳内出血を起こして、お風呂場で倒れたそうです。すぐに救急車で病院に運ばれ、そのまま緊急手術が行われました。なんとか一命は取り留めたものの、左半身に麻痺が残ってしまった。

仕事への熱意をもっていたAさんは、厳しいリハビリに耐え、なんとか会社に復帰することができました。手足に麻痺は残っているものの、編集の仕事は頭脳

さえあればやっていける。部下の協力を得ることができれば、十分に仕事に復帰できると信じていたのです。

しかし、それは甘い考えでした。脳をやられているせいで、Aさんの読解力が落ちていたのです。以前ならば、原稿用紙二〇〇枚程度の原稿を二時間ほどで読むことができた。ところが病気をした後には、半日かけても二〇枚ほどしか読むことができません。それどころか、三十分も読んでいると頭がくらくらとしてくる。編集者というのは文章を読むことが最大の仕事です。その能力が失われたと気づいた時、Aさんは絶望感に襲われたのです。手足に麻痺が残っても、頭脳さえしっかりしていれば。そんな希望が粉々に打ち砕かれたのです。

Aさんは仕事への熱意を失い、それどころか生きる希望さえ失っていました。そして結局は、自らの意思で会社を去ることにしたそうです。編集者でありながら文章が読めない。以前はすっと頭に入ってきた文字が、なかなか理解できなくなっている。その苦しみは相当に大きかったでしょう。その苦しみを想像することは難しいことではありません。

人間の苦しみとはどこから生まれるのか。その多くは、過去と現在のギャップの中から生まれているのです。昔できたことが今ではできない。かつては簡単にやれたことが、今では難しくなっている。昔からできなかったことならば、今できなくても当たり前です。そこにギャップがなければ、それは苦しみにはならないのです。

目が不自由な人の話を聞いたことがあります。生まれつき全盲の人たちは、小さいころから特別なプログラムでしっかりとした教育を受けています。そのおかげで、大人になってからも一般の人と何ら変わらない生活をすることができるそうです。また精神的にも、目が見えないことへの苦悩がありません。生まれた時から見えないのですから、それが当たり前のこと。もちろん社会生活の上で不便さはあるでしょうが、気持ちの上ではまったく私たちと変わりません。皆さん前向きな人生を歩んでいるといいます。

ところが途中から失明した人たちは苦しみもがきます。これまで見えていたものが見えないのですから、そのギャップはすさまじいものでしょう。もうこれで自分の人生は終わりだ。盲目になって生きる術《すべ》はない。絶望感に支配され、とても点字など習う気にもならない。自暴自棄になったり、死ぬことばかりを考えたりする。その気持ちはよく分かります。私とて、もしも突然失明してしまえば、さすがに絶望するでしょう。住職として、おつとめもこれまでと同じようにはできない。庭園を造ることもできないし、学生に教えることもできない。一時は気持ちが沈み込んでしまうでしょう。

しかし、それでも私たちは生きなければなりません。与えられた命である限り、どんな状況になっても生きなければいけません。絶望するのは当たり前です。しかし、絶望の先には何もない。人間は延々と絶望の中だけで生きることなどできないのです。真っ暗闇の中にさえ、ほんのわずかな光が必ず差し込んでくる。その光に向かって、自らの手を差し出さなくてはならないのです。

過去と現在のギャップ。それはさまざまな状況で生まれてくるものです。リストラなどもそうです。昨年まではバリバリ仕事をしていたのに、今は仕事さえ自分にはない。昨年の収入は六〇〇万円もあったのに、今は一〇〇万円しかない。一カ月前までは元気だったのに、今は病気に罹《かか》って入院している。過去と現在を比べて、少しでも今が悪ければそれが苦しみになってくるのです。

苦しまないことなど無理なことです。苦しみや絶望を取り払うことはできません。しかし、人間はそこから立ち直ることが必ずできる。それだけの生きる力が与えられているのです。その力を生かすためには、今の自分を受け入れるということです。今置かれている状況や、今の自分の裸の姿。それから目をそむけるのではなく、しっかりと見つめること。かつての自分と比べることをせず、今生きている自分を認めること。そして今の自分にできること、今やらなければならないことを考えることです。その一歩を踏み出した時、再び人生の時計が進み始めるのだと思います。

確かにギャップというのは恐ろしいものです。しかし、それは生きている限り必ずついて回るもの。まったく平坦な人生などあるはずはない。マイナスのギャップから目をそむけないで、上を向いて歩き始めることです。

マイナスのギャップから苦しみが生まれるのだとすれば、今度はプラスのギャップを生み出せばいい。そのための第一歩が、今の自分を認めるということです。

人は「命のロウソク」をもって生まれる

できるだけ長生きをしたい。多くの人たちがそう願っています。長生きをすることは幸せなことだ。多くの人たちがそう思っています。

しかし、はたして長生きをすることだけが幸福なことなのでしょうか。百歳まで生きた人は幸せで、六十歳までしか生きられなかった人は不幸せなのでしょうか。長く生きることと幸福な人生を過ごすことは、また別のことだと私は思うのです。

医学の発達によって、現代人はますます長生きになってきました。一昔前ならば死に直結したような病気も、今や一本の注射によって治ってしまう。あるいはかつてならばとうに亡くなっているはずの人間が、さまざまな医療機器によって病室のベッドで生かされています。いわゆる延命治療というものがますます進んできました。

再生可能な細胞が発見され、臓器移植などの技術も世界的にも劇的に進化を遂げていると聞きます。まるで機械の部品を取り替えるように、人間の臓器も交換しながら「生かす」時代になってくるのかもしれません。

もちろん百歳になっても、二十代のような身体であれば、それは素晴らしいことでしょう。しかし現実的にそんなことはあり得ません。ある時を境にして、人間は必ず衰《おとろ》えていく。その衰えたままの身体で、あと五十年も生きるとすれば、それが幸せなことでしょうか。ベッドに寝かされたまま、意識もないままに数年生きたとして、それが本人にとって幸福なことなのか。

もちろんこうした議論は安易にすべきではないでしょう。幸福観というのは人それぞれですから、長生きすることはすなわち幸せなことではないと私が決めつけることなどできません。

ただひとついえることは、仏教では、人間には「定命《じょうみょう》」という考え方があるということです。人にはそれぞれに定められた命の長さがあると。

私たちの人生はロウソクみたいなもので、私たちはみんな、生まれた時から頭の上にロウソクの火を灯《とも》している。そのロウソクの火が消えた時に、その人の命は尽きる。

　ロウソクの長い人もいれば短い人もいます。太く大きな火を灯し続ける人もいれば、ゆらゆらと細く灯している人もいる。それぞれの命の灯《ひ》はまったく違うものなのです。

　自分に定められた命のロウソクの火。それは自然に消えていくのがいい。消えそうになったロウソクに無理やり火を足そうとしたり、溶け落ちた蠟《ろう》を再びかき集めたりせず、消えゆく火を自然に見守るのがいい。それが仏教で考える命というものなのです。

　もって生まれたロウソクが燃え尽きる前に、突然に折られてしまうこともあるでしょう。折られたロウソクは、もう二度と元には戻らない。まだこんなにもロウソクが残っているのにと、胸をかきむしられるような苦しみが襲ってくる。若くして亡くなった人に対しては、そんな思いが残るものです。

　しかし、それさえも「定命」なのだと考える。諦めきれない命もある。認められない運命もある。しかし残された者としては、それを「定命」として受け入れることでしか生きる術はない。「あの人のもっていたロウソクは、きっとここまでだったんだ」。そう信じることしか、残された人間にはできないのです。

太く大きな火を灯し続ける人がいれば、
ゆらゆらと細い火を灯している人もいる。
それぞれの命の灯はまったく違うものなのです。

あなたの命は、あなたのものではありません

悲しいことに、日本では一年間で二万人以上もの自殺者が出ていると聞きます。その予備軍といわれる人は、その一〇倍にもなるといわれています。その理由はさまざまでしょう。経済的に困窮したり、あるいは重い病に冒されていたり。いずれにせよ生きていくことが苦しくて死を選んでしまう。苦しい境遇から逃れようとして自ら命を絶ってしまう。辛い現実です。

どうして自らの命の灯を消してしまうのか。それはきっと、自分の命は自分のものだという考え方が根底にあるのだと思います。

仏教の世界では、命は預かりものだとされています。ご先祖様から延々と受け継がれてきた命。それは大切な預かりものであって、いずれはお返ししなければならない。自分だけのものではなく、授かった命は大切にして次の世代へとつな

いでいかなくてはならない。そのように考えられています。

考えてみてください。誰かからの預かりものであれば、それは粗末に扱うことはできません。いずれはお返ししなければならないのですから、ボロボロにして返すわけにはいかない。そういう気持ちがあるからこそ、命というものを大事に扱うようになるのです。

あなたの命は、けっしてあなただけのものではありません。粗末に扱ってはいけない。与えられた寿命を精いっぱいに生ききることが、何よりも大切であることを知ってください。生きていれば苦しいこともあります。うまくいかないことなどしょっちゅうです。楽しいことやうまくいくことのほうが、長い人生の中では圧倒的に少ないもの。その苦しさを乗り越える中で、人は生きている実感を味わうことができるのです。

苦しみのない人生などありません。それは十分に分かっていても、人はどうしても苦しみから逃れようともがきます。苦しさのあまり、そこから目をそらしたり、あるいは別の逃げ道を探そうとしたりする。逃げきれるのならそれでもいいでしょうが、なかなかそうもいきません。一時は逃げきれたように思うかもしれませんが、再びその苦しみは現われてくるもの。逃げ回っているばかりでは、何も解決することはできません。

苦しいこと、辛いことが目の前に現われたら、これは自分に課せられた試練だと仏教では考えます。自分に与えられた試練ならば、それを乗り越える努力を最大限にしてみる。頑張って乗り越えられる苦しみもあれば、どうしても乗り越えられない苦悩もあるでしょう。しかし、乗り越えたか否かは問題ではありません。乗り越えようと立ち向かっていく姿勢こそが大事なのです。

苦しみや辛さとは面白いもので、逃げようとすればするほど、いつまでも追いかけてくるものです。逃げようとする者の後ろ髪を引っ張るように、いつまでも追いかけてくる。ならばいっそ、逃げることをやめて、真正面から向き合ってみることです。「さあ、来るなら来てみろ！」と堂々と覚悟をもって受け止める。そういう姿勢で臨めば、意外とその苦しみが小さなものであることが分かります。正体が分からないから、いつまでもそれに苦しめられる。真正面から受け止めて、その正体をしっかりと見据えれば、案外たいしたことではないものです。

苦しみの大きい小さいは、実はその本人が決めているのです。たとえば会社をリストラされてしまう。これはとても不幸なことだと思われていますが、実はリストラ自体には不幸も幸福もありません。「明日から自分は無職になってしまう。どうやって生活していけばいいんだ。会社にいた時と同じ給料を稼ぐのは無理だ。ああ、どうしよう」。このように考えれば確かにリストラはマイナスのものになってしまいます。

しかし反対に、「よし、リストラをされたのだから、いっそ昔からやりたいと思っていた商売を始めてみよう。これは自分のやりたいことをやるチャンスかもしれない。給料は減るかもしれないけど、きっと人生は充実するだろう」。このように考えれば、その人にとってリストラされたことがプラスになってしまうのです。

会社に勤めているからいい。会社をリストラされたから悪い。出世したから成功で、窓際になったから失敗。お金がたくさんあるから幸福で、少ししかないから不幸。私たちはつい、二者択一の考え方をしがちです。物事がよいか悪いかを決めたがる。しかし、禅の世界ではこうした二者択一の考え方をしません。善と悪、美と醜、成功と失敗、幸福と不幸。どちらかに決めつけることをしないことです。ある人にとっては善であっても、ある人によっては悪に思える。周りは成功だと捉えても、自分では失敗だと思っている。要するにどちらかを決めるのはその人の心や考え方次第なのです。すべての物事は見方や考え方次第で変わってくるのです。

「日日是好日」（にちにちこれこうにち）という皆さんもご存じの禅語がありま す。この言葉の意味するところは、毎日が善き日であるということではありません。十日あれば、十日とも晴れの日であることはない。晴れの日もあれば、雨の日もあります。そして、晴れの日がよくて雨の日が悪いということではない。雨の日には、雨の日にしか味わえない素晴らしさがあります。

紫陽花《あじさい》にしても、池際に植えられた菖蒲《しょうぶ》にしても、雨の日に見るからこそ美しさが映《は》える。雨によって葉が濡らされるからこそ、みずみずしい美しさが生まれる。晴れ渡った空の下で菖蒲を眺めても、そこに情緒を感じることはありません。

人生にはうまくいく時もあれば、うまくいかない時もある。しかし、うまくいかない時にしか見えないものがきっとある。苦しい時にしか分からないやさしさもある。辛い時にしか味わえない幸福感もあるのです。それが「日日是好日」の意味です。

もしも今、死にたいと思うほどの苦しみの中にいたとしたら、ふたつのことを心の中に思い浮かべてください。

ひとつは、その命はあなたのものではない。大切に預かっているものだということ。そしてもうひとつは、今抱えている苦しみを一方向だけから見ないということ。

角度を変えて眺めたり、時には真正面から受け止めたりしながら、苦しみの正体をしっかり捉えることです。「日日是好日」です。

苦しみのない人生などこの世にはありません。
そんな当たり前のことを、いつも心にもっておくことです。

生きる実感は、淡々とした基本の繰り返しにある

禅の修行僧のことを「雲水《うんすい》」と呼びます。修行の期間はお寺や個々人によって異なりますが、だいたいは最低でも一年から三年という期間を「雲水」として過ごします。もちろんもっと長い人もたくさんいます。

この修行期間の生活は、きっちりと決められています。毎朝四時には起床。まずは、静かに坐禅を組んで心を無にしていく。それが終わると朝のおつとめです。その後にお寺の庭を掃き清め、お堂の中をぴかぴかに磨き清める。毎朝磨いているのですから、お堂には塵《ちり》ひとつ落ちてはいません。それでも磨くというのは、それがすなわち修行だからです。庭を掃き清めることによって自らの心も掃き清める。廊下を磨くことで自らの心をも磨く。それが「作務《さむ》」といわれる修行なのです。

そして「小食《しょうじき》」といわれる朝食をいただき、再び「作務」に励む。きっちりと決められた時間の中で、同じ生活を淡々と繰り返していく。一年三百六十五日、一日たりとも休むことはありません。基本の繰り返しと毎日の単純作業。これこそが修行というものなのです。

どうしてそれが大事なのか。それは、生きる上では基本の繰り返しが何よりも大切だということなのです。私たちはつい、変化を求めがちです。同じことを繰り返していると飽きてしまい、もっと別のことがやりたくなってくる。もっと楽しいことがあるのではないかと、日常の外にばかり目が向くようになる。そして基本をどこかで疎《おろそ》かにしてしまい、大きな過ちを犯してしまったりします。

会社の仕事というのも同じではないでしょうか。与えられた仕事というのは、実は同じことの繰り返しであることが多い。一カ月前も半年前も、一年前も同じことをしている。こんなことで自分自身が成長するのだろうか。もっと新しい刺激的な仕事がしたい。そんなふうに感じている人も多いと思います。

しかし現実には、新しい仕事や刺激的な仕事ができるのは、せいぜい一年に数度あるかないかでしょう。ほとんどの日々は同じことの繰り返しだと思います。

それこそが仕事の本質だからです。そして基本的なことを長年にわたって繰り返すことで、知らぬ間にプロフェッショナルになっている。反対にいえば、基本的な繰り返しを嫌がるようでは、いつまで経っても仕事のプロにはなれないということです。

日常生活の中で、主婦の人たちは三百六十五日休む暇もありません。毎朝家族のために朝食を準備して、子どもの弁当をつくり、みんなが出かけた後には家中を掃除し、そして買い物に出かけて夕食の準備をする。土曜日も日曜日も関係なく、連休など存在しない。そんな生活を何十年も続けているわけです。

きっと、時には嫌になることもあるでしょう。投げ出したくなることもあるでしょう。それでも投げ出すことなく毎日の家事をこなしているのは、それこそが家族の幸せな生活を守る基本であることを知っているからです。

一年に何度か、夕食をつくらないで済む。一泊二日の旅行に出かける。それはとても楽しいことです。こんな日がずっと続けばいいなと思ってしまう。しかし、本当に夕食をつくらないで済む日ばかりだったとしたら、それは生きている満足感にはつながりません。旅行先にいてさえ家族の夕食を気にしたりする。ちゃんと食べているだろうかと心配したりする。それは素晴らしいことだと思います。それは、生きるということの基本が身体に染みついているからです。「雲水」は、修行を終えると、寺を下りることになります。これを「送安する」といいます。修行のことを「安居《あんご》」という。その「安居」から送り出すという意味で「送安する」というのです。雲水生活に一度終止符を打つ。そして各自が出ていくわけですが、ここから先の修行は本人次第ということになります。この日からは、朝四時に起きなくても叱られることはありません。冬の寒い朝であれば、庭掃除をさぼることもできます。これから先の修行は自分自身でやりなさいということなのです。

雲水生活を終えても、一生をかけて修行に励む僧侶もいます。亡くなる直前まで修行生活を送る僧侶もいれば、これで自分の勝手にできると気を抜いてしまう僧侶もいる。私の父は八十七歳で亡くなりましたが、亡くなる前日も三時間も庭の草取りをし、その日の朝も自分の部屋の掃除をしていました。昼食を終えしばらくした時に、転んで胸を打ち、少し体調がすぐれないということで病院に行った。その九時間ほど後に息を引き取りました。基本を忘れることなく、生涯を修行にかけた僧侶でした。そんな父の生きざまに私は美しさを感じます。日々の繰り返しを大切にすることです。まったく同じことを繰り返しているようで、実は昨日のものと今日のものとはまったく違うものです。昨日の坐禅と今朝の坐禅はまた別のものです。それに気がつき、その違いに感動することが、すなわち人生を豊かにしてくれるのです。

そして気づくためには、何事にも一生懸命に取り組むこと。仕事で資料作りをするのも、コピーをとるのも、朝食をつくるのも、自分がやるべきことに一生懸命になること。その気持ちさえあれば、物事に飽きたり嫌になったりすることはありません。生きている実感とは、淡々とした基本の中に隠されているのです。

人生は「同じこと」の繰り返しです。
しかし、「まったく同じこと」というのは、
絶対に存在することはないのです。

後片付けは、物事の終わりではなく、始まり

修行時代には、雲水たちは「単《たん》」と呼ばれる場所で日々を過ごします。これは僧堂の中に作られている場所で、ひとりの修行僧に畳一畳分のスペースが与えられています。

「単」に上り降りする反対側には、押入れのような収納スペースが設《しつら》えてあり、生活に必要なもののすべてを収納するようになっています。もちろん無駄な持ち物などいっさいありません。

その一畳分の「単」の中で布団を敷いて眠り、食事をとり、そして坐禅を組む。まさに「起きて半畳、寝て一畳」を実践しているのです。朝起きるとすぐに布団を丁寧に畳み、函櫃《かんき》と呼ばれる収納場所へ入れて仕舞います。常に一畳分の畳の上はすっきりとさせている。それもまた修行の一環なのです。

また、お寺の中は常に整然と整えられています。どこに何があるのかがすぐに分かるようになっています。みんなが使う共有のもの。それらはすべて置かれる場所が決められている。何かの道具を使った後は、すぐに決められた場所に戻す。それが徹底されています。使い終わればすぐに戻す。後で戻そうとか、何かのついでに戻しておこうなどということは許されません。とにかくすぐに元あった場所に返すことが基本です。

いちいち戻しに行くのは時間の無駄だと思うかもしれませんが、もしも別の人がそれを必要としていたら、その人が探さなくてはいけなくなる。自分がすぐに戻さなかったことによって、他人の時間を無駄にすることになります。何かを探すという時間は、とても無駄なものです。常に同じ場所にすぐに戻すという習慣をつけることで、その無駄な時間はなくなります。

会社の中や家の中で、いつも探しものをしている人がいます。いったいどれだけの時間を探しものに使っているのでしょうか。その時間がもったいないと思わないのでしょうか。

そして、探しものが多いという人は、えてして後片付けが下手です。後片付けさえきちんとしていれば、探しものなどないはずです。後片付けをせずに、いつも散らかしっぱなし。仕舞う場所もばらばらで、適当に机に突っ込んでいる。その繰り返しが無駄な時間を生み出しているわけです。

「後片付け」という言葉を聞くと、なんとなく面倒くさいと思う人が多い。料理をつくることは好きだけど、後片付けが嫌いだという人がいます。そういう人は、「後片付け」に対する考え方を変えてみることです。料理をつくって、一番後にやるのが「後片付け」と考えるのではなく、今日の「後片付け」は明日の料理への準備だと考えることです。

たとえば後片付けが面倒くさいから、明日の朝にやろうと思う。そのまま放っておけば、今日はなんとなく楽をした気分になるでしょう。しかし、翌日に起きてきて、いざ料理をつくろうと台所に入る。そこには昨晩の汚れた食器が山積みになっている。その光景を見た瞬間に、とても料理をつくる気持ちがなくなってきます。ぴかぴかに整えられた台所に立つことで、料理への意欲は湧いてくるものです。

会社のデスクには、今日の仕事の資料がたくさん散らかっています。それを放ったらかして帰ってしまえば、翌日は片付けることから始めなければなりません。片付けに十分かかれば、その日の仕事は十分遅れることになります。朝の十分の遅れは、夕方には一時間の遅れになってくる。あるいはデスクの上がいつも散らかっていて、探しものばかりをしている人は、毎日のように一時間の遅れを生み出していることになります。それが一年、二年と積み重なるのですから、そんな人が評価されるはずはありません。

仕事ができる人というのは、常に準備が万端に整っています。朝に出社してきた時には、すでに頭が仕事のモードに切り替わっている。そして整ったデスクに座った瞬間から、一日の仕事がスタートしている。一日の仕事を終えると、綺麗に後片付けをしています。実はここからすでに、明日の仕事に意識がいっているのです。

料理にしても同じです。料理が上手な人というのは、実は後片付けも上手です。料理をしながらも片付けをしている。常に調理器具の置かれている場所が同じなので、すぐにそれを手に取ることができる。まったく無駄のない動きは、見ていても美しさを感じます。つまり「料理をつくるのは好きだけど、後片付けが嫌い」という人は、心から料理好きではないのです。

後片付けを大切にすることです。それは物事の終わりを意味するのではなく、それこそが次への始まりだと考えることです。

身の回りが散らかっていると、心の中までもが散らかってきます。そして心が散らかるということは、すなわち人生も散らかるということなのです。

自分と出会う旅に出かけるのに、遅すぎることはない

私は美術大学で教鞭を執っていますが、美大に通う学生はとても生き生きしているように感じます。もちろん自分のやりたいことをしっかりともっているということもあるでしょうが、ただそれだけではないような気もします。

どうして美大に入ろうと思ったのか。そう聞くと、「親が芸術系の仕事だから」「家が芸術家の家系だから」という答えは意外と少ないのです。そういう理由ならば美大を選んだ理由もよく分かるのですが、ほとんどの学生は「両親はまったく畑違いです」「父親は普通のサラリーマンですし、母親も芸術とはまったく縁のない人です」という答えが圧倒的に多いのです。

そこで私は改めて聞きます。

「だったら、お爺さんやお婆さんはどんな人だった？　絵を描くことが好きだと

か、何かを作ることが好きだったということはない？」

するとと、はたと思い出したように話を始めます。「そういえば祖父は大工さんで、物作りが好きだったといってました」「祖母は昔から裁縫が得意で、手先が器用だったらしいです」と。その答えで納得です。やはりご先祖様から受け継がれてきたDNAというものがある。直接的に芸術家はいなくても、芸術につながるDNAをもっている。そのDNAに正直に生きているからこそ、学生たちは生き生きと見えるのだと思います。

「自分はこれが大好きだ」「自分の生きる道はこれだ」。それを発見することは、人としてとても幸せなことではないでしょうか。

「自分の好きなものが見つからない」「どんな仕事に就けばいいのかが分からない」。そういう学生がとても多い。ですから彼らは自分の意志からではなく、世間の評判や給料などで会社を選ぶわけです。

一流企業に入っておけば安心だろう。この業界ならば将来性があるだろう。自分に合うかどうかは分からないけど、とりあえずこの会社に入っておこう。そして、「とりあえず」入社した会社で何十年も勤めることになる。「もっと自分に合う仕事があったのではないか」という気持ちを抱きながら、とうとう定年までいることになります。

子どもが就職する時、親のほうも同じような考え方でアドバイスをします。「あそこなら一流だからいいんじゃない」「いくら好きでも、その業界はやめたほうがいい。将来性がないから」と。子どもの本当の姿を見ることなく、社会的な評価などでアドバイスしようとします。

「やりたいことが見つからないんだ」「自分にどんな仕事が合うか分からないんだ」。子どもがそういう相談をしてきた時、多くの親は「何をいってるの。そんなものは見つからないで当たり前よ。要らぬことを考えていないで、有名企業に就職しなさい」という言葉を投げかけます。

子どもが生き方に迷った時、親は自分自身の人生を語ることです。自分が好きだったこと。自分がやりたいと思っていたこと。それを諦めてしまった時のこと。自分が得意だったこと。絶対にやりたくないと思った仕事のこと。そんな人生経験を話してあげてください。その親の言葉の中にこそ、子どもの生きるヒントがたくさん隠されているのです。失敗した時の恥ずかしい経験や、成功した時の涙が出るほどの嬉しさ。子どもは両親の生きてきた道を知ることで、自分自身の中に確かに存在する何かを見つけるものです。

自分とは何か。自分の人生とは何か。本当にやりたかったことは何か。それを模索するのは、若いころばかりではありません。四十歳になっても、五十歳を過ぎても、人はふと立ち止まって自分を振り返ることがあります。反省でも郷愁でもない。自分の存在というものを突き詰める瞬間がある。その繰り返しの中で人間は生きているのです。

「私の人生はこれでよかった」。そう言いきれる人はとても幸福です。しかし、一〇〇%そう言いきれる人間などいないのではないでしょうか。程度の差こそあれ、みんなどこかで「本当の自分探し」をしながら生きている。「自分とは何者か」という答えを探し続けているものです。

そんな時には、自分が育った故郷へ足を向けてみることです。ご先祖のお墓にお参りしながら、自分というものを考える時間をもってみる。もしも両親が健在であれば、久しぶりに酒でも酌み交わしながら聞いてみる。

「父さんの人生は幸せだった?」「これまでの人生で一番苦しかったのはいつだ

った？」

「母さんは、本当はどんな生き方をしたかったの？」。父と母が若かったころの話を聞いてみてください。きっとそこには生きるためのヒントが隠れています。

自分の存在を浮き彫りにしてくれるヒントが埋もれているはずです。ご先祖から子孫へ、親から子へ、延々と受け継がれてきた「目に見えない心」が必ずあるものです。

自分の身体と心に受け継がれている何か。それを再発見する旅に出かけてみることです。たとえ両親はこの世から去っていたとしても、故郷の姿がすっかり変わっていたとしても、あなたが育った町に帰ってみる。故郷に流れる川や山、故郷に注ぐ陽の光はかつてと同じものです。その懐かしき場に佇み、自分自身ともう一度向き合ってみることです。

ご先祖様から受け継いだ遺伝子。それを軽んじてはいけません。人生の道に迷った時、それは確かな道標となってくれるものです。

歳を重ねることは老いることではない

六十歳、七十歳と歳を重ねていくと、「ああ、私も歳を取ったものだ」と嘆く人がとても多い。歳を取ることをマイナスに捉えて、なんとなく気持ちも落ち込んでくる。もう老人なのだからと、新しいことにも挑戦しなくなる。そうして毎日、無為な日々を過ごすようになったりします。

確かに歳を取れば、体力的には衰えてくるでしょう。物理的に筋力も衰えていくし、いろいろな病気を抱えることにもなります。しかし考えてみれば、体力的には衰えたとしても、精神的に衰えを来《きた》すということはありません。もしも精神的な衰えを感じていたとすれば、それは自分自身が勝手に思い込んでいるだけです。禅の考えの中には、「老いる」という発想はありません。歳を重ねていくことは、「老いる」ことではなくて「熟練」していくことだと考える。つまりは一生、現役であるという考え方なのです。

「閑古錐」（かんこすい）という言葉が禅の中にあります。「閑」というのは、「静か」である状況や、「心の安らいだ」状態を意味しています。「古錐」は字のごとく「使い古された錐《きり》」のこと。

長年使ってきた錐は、当然のことながら切れ味は悪くなってきます。先っぽが丸くなって、道具としては役に立たなくなってくる。しかしその古い錐には、なんともいえない円熟味を感じるものです。道具としては使えなくなってしまっても、その古い錐を捨ててしまう職人はいません。一生自分の手元に置いて、大切にしたい。そんな気持ちにさせる尊さがそこにはあるのです。真新しく鋭い錐では怪我をすることもあります。しかし、丸みを帯《お》びた古錐は人を傷つけることはない。

そんな「古錐」に喩《たと》えて、禅の世界では長年修行を続けてきた僧侶のことを「老古錐」と呼ぶこともあります。歳老いた僧侶には、言い知れぬ穏やかさが漂っています。しかしただ穏やかなだけでなく、その穏やかさの中に確固とした自信と迫力を備えている。その円熟した僧侶に対して、周りの人々は魅力と尊敬の念を感じているのです。

歳を取ることは、すなわち熟練していくことです。伝統工芸品をつくる人や、あるいは町工場で長年にわたって仕事をしてきた人たち。そんな人のことを「熟練工」と呼びます。若い人たちに体力やスピードでは負けても、その技術で劣ることは絶対にない。言葉では説明しきれないような熟練した技術がそこにはある。経験と修業から身につけてきたものを確固として有している。その存在感は素晴らしいものだと私は思います。

歳老いた漁師は、船に乗って漁に出ることはできません。それは体力的に叶わぬものでしょう。しかし歳老いた漁師は、その熟練した感性で風と雲を読み取ることができます。

晴れた朝に、「今日は午後から波が高くなるから、漁に出るのはやめたほうがいい」と若い漁師たちに教える。若者たちは俄《にわ》かに信じることはできない。現実に今晴れているのだし、天気予報も風は出てこないと予測している。それでも若い漁師たちは、歳老いた漁師の言葉を信じます。そしてみごとに、午後から海は時化《しけ》るのです。

船の上で若者を助けることはもはやできない。しかし、陸の上から助けの手を差し伸べることはできる。その存在はなくてはならないものなのです。豊富な人生技術ばかりでなく、精神もまた熟練していかなくてはなりません。その役割を務めて経験の中から、若者に対して適切なアドバイスをしてあげる。その役割を務めていくのが歳老いた者の責任でもあります。

「老人になれば、いつもぼーっとしているみたいで、喜怒哀楽が失われていく」といわれることがあります。穏やかさを反対側から眺めれば「ぼーっとしている」ということになるのかもしれません。

その見方は大きな間違いです。いくら歳を取っても、人間の中から喜怒哀楽が消え去ることなどありません。喜びも悲しみも、それを感じ取る感性は若いころとまったく同じです。しかし、そんな喜怒哀楽を心に留めて表に出さないでいる。それこそが精神の熟練といえるのかもしれません。若者と一緒になって激しい喜怒哀楽を表に出していたら、物事が収まらなくなってしまう。それが歳老いた者の知恵なのです。

ご葬儀の場では、若い人たちは声を上げて泣いています。涙を流し、絞り出すような声で泣いている。お年寄りたちは、ただ静かに手を合わせている。涙を流すこともなく、悲しみを表現することも少ない。ただ一言、お年寄りは亡骸《なきがら》に手を合わせながらいう。「やすらかにな」と。この一言に、お年寄りの心がすべて詰まっているのです。

多くの友や家族を見送ってきた。その悲しい経験がすべて、この一言の中に込められている。そしてお年寄りが発した「やすらかにな」という言葉に、周りの若い人の心が癒されていくのです。

何歳になっても、常に自分を高めていこうという気持ちをもつことです。知識を蓄えたり、どんどん新しい経験をするということだけではありません。今日の自分よりも明日の自分のほうが、少しでも熟練した心がもてるように。そういう気持ちをもちながら生きていくことです。それが禅でいうところの修行であり、その修行に終わりはないのです。

つけ加えていうならば、禅の世界は「完全なるもの」を拒否します。完全であるということは、すなわちそこで終わりだということ。それ以上にはならないということを意味します。

限りなく先があるというのが禅の考え方ですから、「完全」にたどり着いてはいけない。もしもたどり着きそうになった時には、一度それを破壊して「不完全」なものにしてしまう。その「不完全」というものは、「完全」の手前にある「不完全」ではなく、「完全」を超えた「不完全」ということなのです。

多少ややこしい表現ですが、要するに人生に完全なものなどないということ。たどり着いたと思っても、そこはけっして終着駅ではない。終着駅があるとすれば、それは「死」ということになります。「死」という終着駅に行き着くまでは、私たちは旅を続けなくてはいけない。たくさんの駅で途中下車をしながら、「円熟」という旅の土産《みやげ》を手にしていく。そういうことだと思います。

体力が衰えても、多少物忘れが出てきても、そんなものは老いではありません。老いることとは、今日一日を無為に過ごすということなのです。

第5章

「心の支度」をする

親の死に目に会うということ

「そんな生き方をしていると、親の死に目にも会えないぞ」

いい加減な生き方をしている人への戒めとして、昔の人はそういう言い方をしたものです。

親が亡くなっていく最期の瞬間を看取《みと》る。それはごく当たり前のことであり、子どもとしての最後の務めでもあったのです。自宅で亡くなることが前提の社会でしたから、それが当然のことと考えられていたのでしょう。

ところが現在では、七割近くの人が病院で亡くなるといわれています。両親と同居をしていないために、自宅で介護することが難しい。引き取りたいと思っても、狭い家ではそれも叶わない。仕方なしに病院に任せてしまう人が多いのではないでしょうか。

もちろん病院に任せることは安心でもありますが、やはりずっとそばにいてあげることはできません。面会時間が終われば病室を出なければなりませんし、また、毎日通うというのも大変なことです。

まして遠く離れて住んでいれば、病室を見舞うのも一カ月に数回になってしまう。そしてある日突然、病院から電話がかかってくる。「病状が急変しましたから、急いで来てください」と。すぐに駆けつけたはいいけれど、もう遅かった。病室に入ると、すでに親は息をしていなかった。「仕方がないことなんだ」と自分に言い聞かせつつも、どこかで「最期は看取ってあげたかった」という思いが棘《とげ》のように残ります。

「最期は畳の上で死にたい」。実は多くの人たちがそう望んでいるといいます。病院の中で、希望のない延命措置を受けながら生かされるよりも、自分の身体に馴染《なじ》んだ自宅の布団で自然に死んでいきたい。人生の最期に目にするものは、家族の顔と自分の家の天井でありたい。そんな願いをもっていても、現実的なことを慮《おもんぱか》って病院に入る。病院に入るしかない。家族のことを思えば、やはり自宅にいるわけにはいかない。誰のせいということではありませんが、とても切ない胸の内だと私は思います。

親の最期を看取るということは、実はとても大切なことだと私は思っています。人間というのは一〇〇％死ぬ。それは頭では十分に理解していても、どこか現実的ではありません。いつか自分も死を迎える。それは当たり前のことだと分かっていても、身体でそれを実感することはできません。

親がだんだん弱ってきて、そして最期に息を引き取る瞬間を目にした時。人はそこに「現実の死」を実感します。「人間は生まれる時も死ぬ時も独りなんだ」ということが心の底から理解できます。

あるいは自分を育ててくれた親を看取ることで、「今度は自分の番だな。自分にも確実にこういう時が来るんだな」という思いが自然と湧いてきます。自分自身の心が死を実感し、そして納得するのです。

それは恐怖という感情ではありません。死を実感することは、怖いことでも不安なことでもない。そこに生まれてくるのは、これからの人生を大事に生きようという思いなのです。いずれ自分も死ぬ時が来る。親の死に目に会った時、次は自分の番だという思いに至る。だからこそ、これからの人生を大事にしなければいけない。与えられたこの瞬間を一生懸命に生きなければいけない。そんな覚悟が生まれてくるものです。

親が子どもに伝える最後のメッセージ。もしかしたらそれは、「お前もこういう時が来るんだぞ。それまでの時間を大事にするんだぞ」ということかもしれません。親が死にざまを見せることで、子どもは人生への覚悟を決めることができる。親の死に目に会うということは、双方にとって大きな意味があることなのです。

現実の死がどんどん遠ざかっています。病室の中でたくさんのチューブにつながれ、身体は生きていても会話をすることもできない。そして最期の瞬間は、医療機器などによって知らされる。心電図の波形がまっすぐになれば終わり。まるでドラマのワンシーンを見ているかのようです。

ただ、そういう状況であったとしても、最期の瞬間は傍《かたわ》らにいてあげてほしいと思う。意識がなくても、親の耳元で話しかけてあげてほしい。「これまで育ててくれてありがとう」「一生懸命にこれからの人生を生きていくから、心配しないでやすらかに眠ってください」。そんな言葉を聞かせてあげてほしい。

意識はありませんと医師がいっても、きっとその言葉は届いています。返事はできなくても、きっと心の中は温かくなっています。最期に愛する子どもの声を聞きたい。畳の上で死ぬことは叶わなかったけれど、せめて声を聞きたいと思っているはずです。そして最期に親の耳元で話す言葉が、必ず自分の心を強くしてくれる。親の死に目に会うということは、そういうことなのだと思います。

子どもというのは、親の生きざまを見て育っていきます。と同時に、親の死にざまをしっかりと見ることで、さらに精神が高まっていくのです。

「死」を考えることは、「どう生きるか」を考えること

歳を取るにつれて、身体がどんどん弱っていく。いくつもの病を抱えながら、治癒する見込みもなく衰えていく。ついには布団やベッドの上で寝たきりになってしまう。そんな自分の姿を想像するだけで、不安や恐怖が襲ってくるものです。

まして今は無縁社会などといわれています。ひとり暮らしの老人がものすごい勢いで増えています。結婚をすることなく、ずっと独身で生きる人も増えていますし、子どもがいないという人もいます。

二十年後、三十年後を考えた時、そこには独りで寝たきりになった自分の姿を想像したりする。社会が支えてくれる制度もあるでしょうが、やはりそれだけでは不安で仕方がない。独りきりになることが怖い。

しかし、その不安から逃れる方法などありません。人間はいずれ布団やベッドから起き上がれなくなり、そしてたった独りきりで死んでいく。それればかりは誰もが避けられない真実なのです。

だからこそ、私たちは生きているうちから「死」に対して覚悟をもっていなければならない。それが身近に迫った時に、自分はどう考え、どんなことを望むのか。心のどこかでそれを考えておくことです。

「死」を考えることは、けっしてマイナスのことではありません。やたらと死ぬことばかりを恐れたり、あるいはどうせ死ぬんだからと投げやりになることではない。「死」を考えることは、すなわち「どう生きるか」を考え続ける作業でもあるのです。そしていかなる状態になろうが、生きている限りは「どう生きるか」を考えなければならないのです。

寝たきりの状況に陥《おちい》れば、多くの人は絶望感に苛《さいな》まれるでしょう。まして考える力が衰えていなければ、どうして自分はこんな状態になってしまったのかと恨む気持ちが出てくる。家族や周りの誰かを恨んでみたり、自分自身の不摂生を悔いてみたりします。

しかし、そんな恨み節をいったところで、もう元には戻りません。その中で残された人生を生きていくしかないのです。自分が置かれている状況を、心の中で受け入れること。「受け入れる」ことです。自分の頭の上についているロウソクの火は、もうそろそろ消えるだろう。しかし、その火が消えるまでは、私は生きている。自然な形で火が消えるその時まで、生きている喜びを見出すことにしよう。

そんなふうに「死」を受け入れた時、小さな幸福のかけらが手元に集まってくるのだと思います。

人間はどんな状況になっても、幸福感がゼロになるということはありません。どんなに不幸せな状況に置かれても、一瞬の幸せは必ず感じている。一〇〇％不幸であるという状態など人生にはあり得ないのです。

それは寝たきりになっても同じです。これまでのように自分の足で歩くことはできない。もしかしたら寝返りを打つことさえできないかもしれない。それは人間としては幸福な状況ではないでしょう。それでも人間は、幸福を感じ取る力をもっています。

窓から外を見れば、桜のつぼみが開きかけている。「ああ、もうすぐ春だな」と感じる幸福。窓から入ってくるそよ風が頬をなでる。「もう夏の風に変わってきたな」と懐かしい思い出が蘇《よみがえ》る幸せ。そんな小さな幸せのかけらを見つける力を人間は備えているのです。

「自分は確かに生きている」「まだロウソクの火は消えてはいない」。それこそが、人間としての幸せの原点なのです。

寝たきりになった親の介護をしている人はたくさんいるでしょう。体力的にも精神的にもしんどいことだと思います。ひとりで抱えたりせずに、プロの手に委《ゆだ》ねることも必要だと私は思います。施設などに預けたりすることは、けっして薄情なことではありません。そんなことに罪の意識をもつことはない。

しかし、これだけは知っておいてほしい。それは、いくら寝たきりになったとしても、そこには必ず幸せのかけらが落ちているということです。

「どうせボケているのだから、何も感じてはいない」。医学的にはそう説明されるかもしれない。しかし人間の心とはそんな単純なものではないと私は信じています。

周りから見れば、何も考えていないように思える。まるで植物のように、意識などないように見える。しかし本人は、きっと幸せのかけらを探し続けている。ロウソクの火が消えるその瞬間まで、人間は幸せを求めている。それが生きているということだと思うのです。

どんな状況に置かれても、人間にはそれを「受け入れる」という力があります。その力を信じて、幸せを投げ出さないことです。

法事というのは、残された人のためにあるもの

誰かが亡くなってご葬儀を執り行う。ご葬儀の次に迎えるのが初七日《しょなのか》の法要です。この初七日とは、亡くなった人が現世を離れ、仏の世界に旅立つ日です。そして二七日《ふたなのか》、三七日《みなのか》と過ごし、次にやって来るのが四十九日の法要です。

この四十九日までの期間というのは、残された人にとってもやるべきことがたくさんあります。もしもお墓がなければ、それを用意しなければなりません。ご葬儀に参列してくれた人へのお返しなどもあります。またご葬儀に来られなかった人たちがお参りに来てくれることもありますし、お悔やみの電話などもかかってきます。そうやって忙しく日々を過ごすことで、大切な人を失った悲しみを少しだけ紛らわすこともできるものです。

四十九日を過ぎたころには、忙しさも一段落してきます。お参りに訪れる人も

減り、周りは何事もなかったかのように動いている。そんな状態になった時、改めて強い悲しみが湧いてきます。

何もする気になれず、何をしていても涙が流れてくる。夜になれば、布団の中で涙が涸《か》れるほどに号泣することもある。まさに慟哭《どうこく》する時期です。

しかし人間は、一生泣き続けることはできません。それは残された人間のやるべきことではない。そういう意味から、仏教では亡くなってから百日目を「卒哭《そっこく》忌《き》」（百カ日）と呼ぶのです。そろそろ百日も経ったのだから、泣き暮らす日々を抜け出しなさい。そして前を向いて歩き始めなさい。「慟哭を卒業する」という意味なのです。裏を返せばそれは、「百カ日までは思いきり悲しんでいいんだよ。われを忘れるくらいに泣き叫んでいいんだよ」ということだと私は思っています。

次にやって来る法要は、一周忌です。亡くなってから一年。それはあっという間に過ぎてしまうものです。まだまだ遺品の整理などもできていない。整理をしなくてはと思っても、気持ちがそれを許さない。それでいいのだと思います。しかし、この一周忌を機に、少しずつ目が外に向くようになってきます。けっして亡くなった人のことを忘れるわけではないですが、一日の中で一瞬、悲しみを忘れる時間ができてくる。そんな時期に入ってくるのです。

そして二年目に執り行われるのが三回忌です。どうして三回忌は三年目ではなくて二年目なのか。仏教の考え方では、旅立ったその日を一回と数えます。二年目にはそれが三回目に当たるために、三回忌という言い方をするのです。ですから「三周忌」ではなく「三回忌」なのです。何も数えで勘定しているのではなく、亡くなったその日が何度巡ってくるかということなのです。

この三回忌を済ませると、少し気持ちが楽になってきたといわれる人が多い。悲しみは変わらないのですが、亡くなった故人のために自分は頑張って生きようという気持ちが湧いてきます。

ご主人を亡くされた奥様がいました。一周忌までは何もする気になれず、ただ家に閉じこもる日々を送っていました。ご主人の遺したものを捨てることもできず、毎日アルバムを眺めながら暮らしていたそうです。三回忌が過ぎたころに、奥様はご主人の写真をもって、ひとりで奈良に行きました。

「いつか吉野の桜をふたりで見に行こう」とご主人がいっていたのを思い出され

たのだそうです。実際にはひとり旅ですが、本人はご主人と一緒に旅してると信じながら、写真の中のご主人に話しかけながら吉野を巡りました。その旅から戻った時、奥様は強く思いました。「主人は旅立ってしまったけど、いつも私の傍らにいてくれる。これからもふたりで旅ができる。前を向いて、主人に叱られないような生き方をしていこう」と。そして、次にやって来る七回忌、十三回忌に向けても心が決まる。「主人の七回忌も十三回忌も私がしっかりとやらなければならない」と。

三回忌から七回忌までは、四年という時間があります。どうして三回忌の次は四回忌でも五回忌でもなくて七回忌なのか。実は、その空白の四年間というものに意味があるのだと私は思っています。三回忌を終えると、徐々に気持ちが落ち着いてきます。それまでの日常を少しずつ取り戻してくる。そんな時、改めて故人が遺してくれた心や言葉を思い浮かべるのです。

「あの言葉は、本当は私のためにいってくれていたんだな」「自分に遺してくれた心や意志を、しっかりと受け継がなくてはいけないな」。改めて亡くなった人の心と触れ合う時間。それが三回忌から七回忌までの四年間だと思うのです。そしてその時間こそが、自分自身を成長させてくれます。生きている時には聞き流していた言葉や、深く考えなかった言葉と改めて向き合うことで、残された人間は大きく向上していくことができるのです。

法事という行事は、ただ単に亡くなった人を偲《しの》ぶだけのものではありません。お参りをしてお線香を上げればいいというものではない。それは、残された人間が改めて自分自身を振り返る機会でもあるのです。亡くなった人を偲びつつ、自らの人間性を高めていく。それが法事のもつ意味です。

法事という行事は、不思議なほどに残された人の心に寄り添っている。法事というものを大事に考えてください。あなた自身のために。

ご戒名をいただくということは、仏様の弟子になるということ

仏教では、戒を授かった後の名前をご戒名《かいみょう》と呼び、主に人が亡くなった後は、ご戒名がその人の名前となります。生前にご両親からつけられた名前は「俗名」です。その俗名を離れて、今度は仏様として皆さんの心の中に生き続けていく。要するにご戒名を授かった後は、人はみんな仏様に弟子入りするという意味を表しているのです。

このご戒名は、宗派により多少の違いはありますが、一般的には四文字で成り立っています。この四文字のうち、上二文字が「道号《どうごう》」と呼ばれるもので、その次に続く二文字が「法号《ほうごう》（戒名）」です。この名前をいただく時には戒律を授かるので「戒名」といわれるのです。

現代ではこちらの呼び名のほうが分かりやすいかもしれません。一般的には、

この四文字を「ご戒名」と呼んでいる場合が多いようです。例外としては、浄土真宗（法名）はこれとは異なるご戒名のつけ方です。

また、四文字部分の下には、「位号《いごう》」といわれる二文字がきます。この四文字の上に「院号」（院殿号というものもありますが、一般的にはまずありません）がつけられることがありますが、これは、寺院の発展に多大なる貢献を果たした方につけられるものです。元来は、一寺院を自ら建立《こんりゅう》した人に授けられたものです。

「位号」について話しますと、ごく一般的なものとしては、男性ならば「信士《しんじ》」、女性ならば「信女《しんにょ》」という位号（位階）がつけられます。そしてもうひとつよく見られるのが、男性ならば「居士《こじ》」、女性ならば「大姉《だいし》」という位号です。

これらは「信士」や「信女」よりも位が高いといわれていますが、位がどうのこうのというものではありません。お寺によっては「居士」「大姉」をつければただ単純に値段を上げるというところもあるようですが、本来はけっしてそういうものではありません。

「居士」や「大姉」という位号は、生前からお寺によく通った人につけられたものなのです。

出家をするわけではありませんが、俗世にいたままで頻繁にお寺に通い、出家した人たちと同じような修行生活を心がける。長きにわたってその修行を心がけてきた。また一方で、このような志《こころざし》を強くもたれた方は、寺院の発展のために物心にわたり大きく貢献された人でもあります。そういう人たちに授けられた位号が「居士」や「大姉」なのです。

もちろん今でもそういう考え方は変わりませんが、現実的にはしょっちゅうお寺に足を運ぶことができない人もたくさんいます。それでもお檀家さんが望まれるのであるなら、お寺には来られませんでしたが、いつも修行の心をもって生きていらしたと解釈して、このご戒名をつけさせていただくこともあります。そのような場合にはご遺族の方に、ご本人に成り代わって功徳報恩行を積んでいただくことが一般的です。

近ごろ都市部では、ご戒名はお金を出して買うものと誤解されている人も多いようですが、それは本来の意味ではありません。

たとえば私がお檀家さんのご戒名をつける時には、その方の人となりや人生をよく聞きます。お檀家さんですから、お元気な時にも何度もお顔は拝見していま す。どんなお仕事をされているとか、どんなご趣味をおもちだとか、これまでの会話の中である程度の人となりは知っています。それでも私が知っているのは、その方の人生のほんの一部に過ぎません。そんな中途半端なことでご戒名をつけることはできません。

たとえばご主人が亡くなったとしたら、私はご戒名をつけるために、奥様やお子様たちに一時間程度じっくりと故人のお話を聞きます。どんな性格だったのか。どんな夢をもっていたのか。どんな人生を歩んでこられたのか。その方の人生をじっくりと聞き、それからご戒名を考えるという作業に入ります。

ご戒名をいただくということは、仏様の弟子としての導きを授かるということです。その作業が、仏様に代わって修行を積み重ねた僧侶の徳を通して行われる。したがって私がご戒名をつけるということは、その人は私を通して仏様の弟子になるということなのです。師が弟子に与える名。それがご戒名のもともとの意味です。ということを考えれば、けっしていい加減な心でつけることはできません。

この人はお金持ちだから立派なご戒名をつけよう。この人はお金がないから、適当につけてしまおう。もしもそんなふうに考える僧侶がいるとすれば、それは本当の意味で仏様の弟子などではないと私は思っています。

このごろは、生前にご自身で勝手にご戒名をつけられる人も増えているようです。先祖代々のお墓ももっていなくて、お寺とのつきあいもない。自分が亡くなった後でつけるとなると、まるで縁のない僧侶につけられてしまう。その上に高い金額を請求されるかもしれない。そんな不安を抱くために、ならばいっそ自分でつけておこうと考えるのだと思います。

その心配はよく分かります。それはお寺側にも責任があると思います。もっとお寺のほうから情報を発信しなければなりません。ご戒名をつける意味や、あるいはお金の面などももっとオープンにすることが必要でしょう。たとえお檀家さんでなくとも、信者さんになってもらうことで、心を尽くしたご戒名をつけることができます。

ある意味でこれまでのお寺というのは、敷居が高いと感じている人が多かった。お檀家さんでなければ、お参りに行くのはせいぜいお正月くらい。お寺にお墓をもたない人は、なかなか入りにくかったかもしれません。

しかし、仏教で考えると、自分でご戒名をつけるということはまったくお勧めできませんし、あり得ないことです。仮に自分の好きな文字を並べたところで、それは何の意味ももたないもので、仏教でいうご戒名とはいえないものです。ご戒名のもつ意味をきちんと理解してほしいと思います。それは「俗名」とは違い、もう変わることはないのですから。

ご戒名とは、その人がどんな人生を歩んできたかを表すもの。仏様の弟子となった時の、大切な名前なのです。

いつも、もうひとりの自分の存在を感じる

人は誰しも、生まれた時には清浄無垢な存在です。そこには、はからいごとや我欲というものはいっさいありません。これが禅でいうところの仏の状態です。ところが大人になって社会で生きていくうちに、我欲や執着心、あるいは計算などが生まれてきます。どうすれば自分が得をするか。この人とつきあっていて損はしないか。あれも欲しいこれも欲しい。とにかくいろいろなものがくっついてきます。

もちろん欲望や計算をすべて否定することはできません。欲望があるのは当たり前のことですし、損得を計算することも仕方のないことです。反対に自分だけが清浄無垢では、社会では生きていけないでしょう。しかし、本来の自分には「仏」がいるということは忘れてはいけない。我欲ばかりに支配された自分とは

別に、もうひとりの「清浄無垢」な自分がいることも忘れてはいけません。

禅語の中に「把手共行」（はしゅきょうこう）という言葉があります。これは「手に手を取り合ってともに歩く」という意味です。では誰と手を取り合うのか。それは自分の生まれつきもっている「仏」。つまりは「本来の自分自身」ということです。

お遍路さんが持っている笠には、「同行二人《どうぎようににん》」の文字が書かれています。これは誰かとふたりで歩くことではありません。ひとりは自分、そしてもうひとりは自分の心の中にいる弘法大師や観音様なのです。たとえひとりで歩いていても、いつももうひとりの存在を感じながら歩いている。それが「同行二人」の意味するところなのです。

この考え方は「坐禅」にも現われています。「坐」という字を見てください。上には「人」という字がふたつ並んでいます。ひとりは「自分」、そしてもうひとりが「本来の清浄無垢の心をもった自分」を表現しているのです。自分自身と向き合いながら、「土」の上に坐ること。これが本来「坐禅」の意味なのです。かつて「坐禅」は外へ出て土や石の上に坐って組んでいました。それがいつしか屋根のある場所で行うようになった。そこで屋根を表す「まだれ」をつけて「座禅」という字が使われるようになったのです。今では「座禅」の文字が主流となっていますが、本来は「坐禅」という文字が正しいのです。

さて、自分が本来もっている「仏」を意識すること。そういう言い方は少し分かりにくいかもしれません。ならばもう少し分かりやすい言い方をしましょう。たとえば仕事が辛くて、もう投げ出してしまいたいと思うこともあります。「どうして自分がこんなことまでしなくてはいけないのか」「こんな苦しい思いをしてまで我慢しなくてはいけないのか」。投げ出したり、諦めかけたりすることは誰にもあることです。

そんな辛い時に、ふと頭にわが子の可愛い笑顔が浮かびます。家で待っていてくれる家族のことが浮かびます。まるでわが子が今、自分のそばにいてくれるような感覚になります。そこで「よし、もう少し諦めずに頑張ってみよう」という気持ちが湧いてくる。

あるいは自分の我欲に支配されて、邪《よこしま》な気持ちが湧いてくることもあるでしょう。「やってはいけないことだけど、誰も見てないからやってしまおうか」「これをやれば自分だけが得することができる。周りの人間などどうでもいいか」。そんな気持ちが湧いた時、ふと母親の言葉が聞こえてきます。「そんなことをしたらいけないよ」「あなたはそんな子じゃないよ」と。そんな母親の声なき声を聞くことで、間違いを犯さずに済む。はっと自分自身を取り戻すことができたりするのです。

そう考えれば、可愛いわが子の笑顔も、自分を育んでくれた母親の言葉も、「もうひとりの自分」であると私は思います。何よりもわが子の笑顔や母親の愛情こそが、「仏」そのものなのではないでしょうか。

すべての人は、美しい仏心をもっています。常にそこに思いを馳せることのできる人が、美しい生き方をすることができるのです。

小さな満足のかけらを積み重ねる

過去・現在・未来という言葉があります。これを三世《さんぜ》といいます。禅の世界においては、その中で何よりも現在というものを重視しています。もっというなら現在しか考えない。過去を振り返っても仕方がないし、来てもいない未来のことなど知る由《よし》もない。ただ、「今」という時間の中にこそ、人生はあるのだという考え方です。

禅の言葉でいえば「而今」（にこん）がそれです。二度と帰ってこない「今」という時間を大切に生ききることを説いたものです。

人間とは不思議なもので、年齢を重ねていくうちに過去を懐かしむ感情が強くなってきます。二十代のころを思い出し、若かりし自分の姿を懐かしむ。社会の中で活躍していたころを思い出し、あのころはよかったとしみじみと思ったりする。「思い出」を大切にすることは素晴らしいことです。

夫婦ふたりで思い出を語り合うことで、ともに歩いてきた道のりが大切なものだと感じたりする。それも人生を豊かにするでしょうが、肝心なことは「思い出」にあまり執着しないことです。

二度とは帰ってこない過去に執着することは、すなわち「今」の人生を無為なものにすることです。私たちは確かに今、生きています。本書を読んでくださっている皆さんも、確かに今、生きている。その事実こそが、もっとも尊いことであることに気づいてほしい。過去の風景に身を委ねるのではなく、未来の自分を徒《いたずら》に夢想するのではなく、生きている今という瞬間に目を向けること。その積み重ねがあなたを未来へと導き、そして「思い出」を積み重ねていくことになるのです。

では「今」という時間を生きるために、どのような心がけをもてばいいのか。それはすなわち、「先送りをしない生き方」をすることです。

今日やろうと思い立ったことは、とにかく始めてみること。明日やればいいと思ってしまうと、結局はできなくなってしまう。そういう経験は誰にでもあるでしょう。やろうと思えばすぐにでもできるのに、それを先送りしてしまう。「やりたいな」「やらなくちゃいけないな」と思いつつ、明日へ明日へと送っていく。そんなものがどんどん溜まって、死ぬ時になって振り返れば「先送り」が山積みになっている。

「どうしてあの時やらなかったのだろう」「早くやっておけばよかった」。そんな荷物を抱えながら旅立つのは寂しいと思いませんか。

出かけた先で、懐かしい友人とばったり会うことがあります。「いやあ、久しぶりだね」と互いに感激し合う。「どうだ、せっかくだから、晩飯でも一緒に食べないか」と誘われる。さすがに今晩は都合がつかないとしても、「今日は都合が悪いけど、明後日《あさって》だったら大丈夫だよ」といいたいものです。

しかし、「今はちょっと忙しくてね。来月になれば時間が取れるから、また来月になったら連絡を取り合わないか」という人がいます。そして来月に先送りしたがために、結局は一生会うことなく過ぎてしまう。よくあるケースです。

「あの時、晩飯を一緒に食べておけばよかったな」と後から思ってもダメです。友人が病に倒れたとしたら、そんな後悔をしたところでどうしようもありません。たった一カ月の先送りが、生涯の別れになることもある。その小さな後悔が、棘のようにずっと心に残ったりするものです。

何も人生に焦りを感じることはありません。しかし、人生の時計の針は確実に進んでいます。残された時間はまだ十分にある。自分にはまだまだ未来への時間が残されている。そう思えることは幸せなことですが、その残された未来に甘んじてはいけません。

切羽詰まることはありませんが、膨大に残された先送りを処理するだけの時間は残されていないのです。これは年齢に関係なく、人間の生涯とはそういうものなのです。

もしかしたら、明日にも命が途絶えてしまうかもしれない。まして二年後や三年後には自分がどうなっているかは分かりません。これは脅しでいっているのではなく、そんな感覚を心のどこかにもっておくことで、人生は豊かなものになると思うのです。

先送りすることは簡単なことです。「明日にしよう」と思えば、今日の一日は楽なものになるでしょう。しかし、楽な一日にはなりますが、満足した一日にはなりません。
どんな小さな満足でもいい。そのかけらを積み重ねることが、人生の充実につながっていく。そのために、今日という一日を、今というこの瞬間を大切にすることです。

今やりたいことは何ですか。今やらなければならないことは何ですか。それを、今やってください。

相手の気持ちを決めつけない、自分の心を縛りつけない

高齢化がますます進む中で、老人介護の問題は大きなものとなっています。自分を育ててくれた親ですから、幸せな最期を迎えさせてあげたい。そういう気持ちは誰にでもあるでしょう。歳老いた親のために自分ができることは何か。どうしてあげれば親が一番喜ぶのか。なかなかその答えは見つからないものです。

私どもの寺のお檀家さんの例をふたつほど紹介します。Aさんご夫婦は、結婚したのを機に実家を離れて暮らしていました。兄弟もそれぞれに独立して、実家は父親と母親のふたり暮らしになっていた。ふたりで暮らしていた時には元気だったのですが、母親のほうが先に亡くなってしまいました。ひとりで残された父親を心配しながらも、忙しい中で実家に足を向けることが少なくなっていったそうです。

母親は社交的な人で、近所づきあいもたくさんありました。家にはしょっちゅうお客さんを招き、父もそれをどこかで楽しみにしていた。ところが母親が亡くなってからは、いっきに他人とのつきあいがなくなってしまったのです。

もともと人づきあいが上手ではない父。やがて家に閉じこもるようになっていったのです。身体は健康なのに、外に出かけることなく日がな一日テレビを見て過ごす。友人と会うこともなく、近所の人と話をすることもない毎日。

半年ぶりにAさんは実家に帰りました。子どもたちも一緒に連れて、久しぶりに父親を喜ばせてやろうと思ったのです。そこでAさんは驚くべき父親の姿を見ることになります。

「帰って来たよ。元気で暮らしてる？」と声をかけたのですが、返事がありません。孫たちが「お爺ちゃん」と呼んでいるのに、声を発することがないのです。父は何かをいおうとしているのですが、口からはいっさいの言葉が出てこない。父は失語症になっていたのです。

母親が亡くなってから、父は誰とも話をしなくなった。近所の人とも話すことなく、電話にも出ようとしない。一日中テレビを見て過ごす生活をしているうちに、声を出すことができなくなってしまったのです。こうしたことは何もお年寄りだけでなく、若い人にも十分に起こり得ることです。たとえば一週間も誰とも話すことなく声を出さなければ、急に言葉が出てこなくなります。そんな症状に陥ってしまったのです。

これはまずいと感じたAさんは、それを機に父と同居をすることにしました。すると同居を始めて三カ月ほどで、失語症はすっかりよくなったといいます。

人間は、やはり人と人とのつながりの中で生きています。人づきあいが苦手な人でも、実は人と関わりたいといつも願っている。口下手な人であっても、誰かと会話をしたいと思っている。自分が喋らなくても、相手のお喋りを聞いているだけで温かい気持ちになれる。

「あの人はひとりでいるのが好きだから、放っておけばいい」「うちの父親は人づきあいが嫌いだから、勝手にさせておけばいい」。周りの人はそういいます。

しかし、たった独りきりで幸せを感じる人はいません。誰ともつきあいたくないと心から思っている人などいません。みんなどこかで誰かを求めている。たとえか細いものであっても、誰かとつながる糸をしっかりと握りしめているものです。

　社会で仕事をしているうちは、さまざまな人間関係がそばにあります。誰とも関わらないで仕事をすることはできない。しかし、仕事を離れて社会の一線から身を引いた老人は、人とのつながりが薄れていってしまう。

「自分で努力してつきあいを広げればいい」「近所の人とも自らが積極的に関わればいい」「孤独になるのは自分自身のせいだ」。そういうかもしれません。しかし、それができないから独りになってしまうのです。

　やろうとしてもできないから諦めてしまうのです。そしてそういう人づきあいの苦手な人ほど、つながりの細い糸を一生懸命に握りしめていることを忘れないでください。その糸をいつも手繰《たぐ》り寄せてあげること。それが最大の親孝行だと思います。

　もうひとりのお檀家さんの話です。同じように母親が先立ち、父親がひとり残されたBさん。同居をしていたのですが、手足が不自由な父親をいつも見守ることはできません。夫婦共働きでしたから、昼間は父親がひとりになります。その間はトイレにもひとりで行かなくてはなりませんし、お昼ごはんを食べるのも一苦労でしょう。

父親は「ひとりでできるから大丈夫だ」とはいいますが、Bさんは気になって仕方がない。ひとりで必死にトイレに行こうとしている父の姿を思い浮かべると、可哀そうで仕方がない。気持ちのやさしいBさんは、なんとか父親が楽に生活できる方法を考えていました。そうして出した答えが、完全介護の施設に入れるということだったのです。

もちろん経済的にも大きな負担となりますが、Bさんは父親のためを思ってその選択をしたのです。これが父にとって一番いい方法だと信じ、素晴らしい設備の施設に入れました。

週末になると、必ずBさんは施設を訪れました。初めのうちは、父親も喜んでいる様子でした。ところが一カ月、二カ月と経つうちに、だんだんと元気がなくなっていったのです。表情も虚《うつ》ろになり、家にいたころより明らかに衰えた感じがします。

施設のスタッフは、一生懸命に父の世話をしてくれていました。トイレに行きたいといえばすぐに連れて行ってくれるし、食事もただ座っているだけでいい。

何から何まで至れり尽くせりです。けれども、父はまた別の受け止め方をしていた。それは、自分の力でできることまで奪われてしまったという思いだったのです。

ひとりの力でトイレに行くのは大変です。しかし、まだ自分の力でトイレに行くことができる。それが生きる力となっていた。まだ自分でもやれることがある。それが小さなプライドとなって父の精神を支えていたのです。

やがて半年も経つと、父はすっかり気力を失っていました。その姿を見て、Bさんは自分の判断が間違っていたことに気づいたといいます。そして入所半年で、父親を実家に連れ帰りました。

家の玄関を入ると、父の表情が途端に明るくなったそうです。以来、相変わらず昼間はひとりで過ごさなくてはなりません。トイレに行くのも昼ごはんの用意をするのもひとりでです。手足が不自由な父にとっては、けっして楽な生活ではないでしょう。しかし、そんなことは本人にとってたいしたことではなかったのです。何よりも大切なことは、自分の力で生きているという実感。まだ頑張れるんだというプライド。そこにあったのです。

どんな介護が一番いいのか。どうすれば本人のためになるのか。その答えはひとつではありません。また、これが最高の方法だというものなどないでしょう。情報に惑わされることなく、相手の気持ちを決めつけることなく、自分の心を縛りつけることなく、大きな気持ちと柔らかい心で見てあげる。きっとそういうことなのだと思います。

その人のために何が一番なのか。その答えを見つけるためには、その人と自分とを結んでいる糸を手繰り寄せることです。

「心の支度」とは、一生懸命に生きること

「生《しょう》を明《あき》らめ死を明らむるは仏家《ぶっけ》一大事の因縁《いんねん》なり」

これは道元禅師の記された『正法眼蔵《しょうぼうげんぞう》』を在家向けに、重要な点を抜粋したお経、「修証義《しゅしょうぎ》」の出だしに記された一文です。

要約をすれば、「私たち人間が生まれる。そして死んでいく。この生まれることと死ぬことを自分自身が明らかにするということは、仏教を学ぶ者にとってもっとも大事な因縁である」ということになります。

人間はどうしてこの世に生まれてくるのか。この世で為《な》すべきことは何なのか。生きているということにはどんな意味があるのか。そして死が迫って来た時、私たちはどのような心持ちでそれを迎え入れるのか。もしもこのふたつを明らかにすれば、それこそ人生の答えは出たようなものでしょう。しかしその問い

かけに答えが見つからないからこそ、人間は考え続けなければならないのです。

先にも書きましたが、人間には「定命《じょうみょう》」がそれぞれに与えられています。定められた命を誰もがもっている。その命の長さはそれぞれで、三十年で生涯を閉じる者もいれば、百年もの「定命」を与えられた者もいます。そしてその「定命」は誰もが知る由もありません。これから何十年と生きるかもしれないし、もしかしたら明日にも失われるかもしれない。ですからこそ、今日という一日を大切にしなくてはいけないのです。

病気などによって、余命《よめい》を告げられる人たちがいます。「あなたの余命は半年です」「おそらく一年はもたないでしょう」と。まさに自分自身の「定命」を目の前に突きつけられるのですから、そのショックは相当なものだと思います。死への恐怖心や無念さでいっぱいになることでしょう。それでも残された命を懸命に生きようとします。残された時間がどんどん少なくなっていく。そう考えれば、今日という一日がとても尊いものだという実感が湧いてきます。その結果として、苦しい中においても、充実した日々を過ごそうという覚悟が湧いてくるのです。

確かに歳を取れば取るほどに、残された時間は少ないと感じるものです。それでも心のどこかでは、まだまだ自分は大丈夫ではないか。死はまだそれほど近くにはいない。そういう考えに陥ってしまう。というよりも、そうであってほしいと願う気持ちが強いのでしょう。その結果として、今日という一日を無為なものにするのです。

老齢になれば、社会とのつながりが薄れていくものです。社会的に果たさなくてはならないことも少なくなってくる。簡単にいえば、生活に関わること以外に「やるべきこと」というのがなくなってくるわけです。何もしないでもいいという状態。そんな状態に慣れてしまうことで、本当に何もしない日々がどんどん増えてきます。

朝ごはんを食べた後は、ずっとテレビの前に座りっぱなし。何もしないでぼーっとしていたら、あっという間に夕方になっていた。仕方なくテレビを消して、夕食の準備をする。夕食が終われば再びテレビのスイッチを入れて、睡魔が襲ってきたら床に入る。そして翌日もまた同じ無為な一日を過ごす。

なんとももったいないことだと思います。そんな生活の中からは、生きている実感や喜びは生まれません。せっかく今日という一日を生きることができるのですから、一生懸命に生きてほしい。たくさんのことをしなくてもいい。たったひとつでいいから、「ああ、今日はこういうことをやった。とてもいい一日を過ごすことができた」と思えること。そういう心がけこそが、実は死の旅立ちへの心の準備になるのです。

「死への恐怖」はどうして生まれるのか。それは、自分の心や行動というものが一瞬にして断ち切られるからです。心の準備が整ってないのに、それが急にやって来る。やりたいことがまだまだあるのに、それが断ち切られる。明日からは、何もできなくなるのだという無念さ。それが恐怖となって襲ってくるのでしょう。

その恐怖から逃れるには、無念さを残さない生き方をすることです。たとえ明日、死を迎えたとしても、それを受け入れる準備はできている。今日という一日を一生懸命に生きたから、やり残したことはない。

もしも明日も命が続いていれば、明日という日をまた一生懸命に生きるだけ。今というこの瞬間を大切に生きていれば、その一瞬を愛《いと》おしく感じてさえいれば、死への恐怖心は薄らいでいくものです。

旅立ちへの支度というのは、身の回りの整理整頓をすることではありません。それは「身仕度」ではなく「心の支度」です。そして「心の支度」とは、自分の「定命」を迎えるその日まで、一生懸命に生きるということです。「無為な日々」「あっという間の時間」を過ごしてはいけません。もともと人間の寿命など「あっという間」なのですから。

いつの日かやって来る「死」を考えることは、今日の「生」を考えることと同じなのです。

文庫版あとがき

本書を書き下ろしたのは二〇一三年の春です。それぞれの人が、自分が歩むべき道を探し、わが人生の答えを見つけようとしています。そんな心に寄り添うような一冊をと願って書きました。

禅の世界にはそもそも「答え」という発想はありません。それでもどこかに「人生の答え」を探そうとしている人たちに向けて、せめて未来への夢や希望の種となるような一文を寄せました。

それから九年という月日が流れ、私たちを取り巻く環境が一変しました。新型コロナウイルスの世界的な蔓延《まんえん》です。初めてこのウイルスが報道されたのが二〇一九年末の冬。歴史的に見ても、私はこの疫病《えきびょう》が収束するには三年がかかるだろうと思っていました。

これまで私たち人類は、ペストのような感染症のパンデミックを幾度となく経験してきましたが、たとえば二〇世紀初頭に猛威をふるったスペインかぜも、やはり収束までには最低三年という歳月がかかっています。ただ、かつてよりは医学も科学も進歩していますので、もしかしたらもう少しはやく収束するかもしれないなとも考えていました。

しかしこの文庫版の「あとがき」を書いている今現在も、確かに患者数は減少していますが、まだまだ収束には及ばない状況が続いています。

このコロナウイルスの一番の恐怖は、まさに「答え」のないところにあります。ワクチンなどもすぐさま開発されましたが、その効果は未知数な部分もあります。現時点では、決定的な治療薬の開発も未だ道半ばです。このウイルスとの闘いがいつ終わるのかも見えません。姿の見えないもの、誰も答えを知らないものとの闘いは、人々の心を蝕《むしば》んでいきました。

自由気ままに外に出かけることもできない。友人たちと集まってワイワイと騒ぐこともできない。毎日の仕事も思うように進まない。そんなストレスが積み重なって、息苦しい思いを感じている人はたくさんいるでしょう。まるで社会全体が「不安の雲」に覆《おお》われているようなものです。

確かにウイルスは人々を不安にさせます。しかし、その不安感を増殖させているのは、現代社会を取り巻く情報過多だと私は考えています。日々に新しい情報が飛び込んできます。日々にというより、分刻みで新たな情報が押し寄せてきます。的確な情報であればいいのですが、なかには単に不安を煽《あお》るだけの情報も混ざっています。それらの情報をいちいち鵜呑みにすることで、私たちはますます不安の渦の中に飲み込まれていくのです。

先が見えない不安感。未来に夢が抱けない苦しさ。そんな状況のなかで禅はどう考えるのか。それは「明けない夜はない」ということです。どん底に落ち込んだとしても、そこで絶望する必要はありません。なぜなら、もしも今がどん底であるならば、後は上に向かって登っていくしかないからです。

「人生は山あり谷あり」というでしょう。長き人生の中で、延々とどん底が続くことなどありません。同じように、山のてっぺんに常にいることもできません。人は山を登ったり下りたりしながら、自分だけの道を歩いているのです。どんな状況であっても、今確かに人生の道を歩いているという実感。その実感をもつことが大切なことだと私は思っています。

私自身も、このコロナ禍のなかで大きな影響を受けました。大学の授業はリモートになり、直接学生と触れ合うこともできなくなりました。「禅の庭」づくりのために世界を飛び回るという生活もままならなくなりました。法事などの行事が縮小されたために、住職としての役割もこれまでのような形では果たせなくなりました。そういう意味でも、皆さんと同じ環境におかれていることは間違いありません。

それでも私は、このコロナ禍においても、平常心を失うことはありません。禅の修行をしているのだから当たり前だろう。そう思われるかもしれませんが、けっして修行だけで平常心を保っているわけではないのです。

一つの考え方と心がけを身に付けさえすれば、きっと皆さんも平常心を保つことができます。その考え方とは何か。それは「いま生きていることの有難さを感じること」なのです。

朝目が覚めたとき、まずはこう思ってください。「ああ、今日も元気に目覚めることができた」「こうして今日、自分が生きて行けるのは、周りの人たちのおかげだ」。今日という日を無事で生きることができる有難さ。それを感じることで心が穏やかになるのです。

人生は一度きりです。たった一度の人生なのです。二度とない自分の人生を、どう生きれば悔いのないものにできるのか。どのような心がけで今日という日を生きればいいのか。そのことに思いを馳せることで、何事にも惑わされない平常心をもつことができる。それが禅の教えなのです。

しっかりと自分自身の道を見つめながら、感謝の心をもって日々を送ってください。出口はもうそこまで見えています。きっとまた、未来に夢を描けるような日がやってきます。夢と希望のかけらを探しながら、ともに生きて行きましょう。

合掌

二〇二二年六月　建功寺方丈にて

枡野俊明

著者紹介

枡野俊明（ますの　しゅんみょう）

曹洞宗徳雄山建功寺住職、庭園デザイナー、多摩美術大学環境デザイン学科教授。大学卒業後、大本山總持寺で修行。禅の庭の創作活動によって、国内外から高い評価を得る。芸術選奨文部大臣新人賞を庭園デザイナーとして初受賞。ドイツ連邦共和国功労勲章功労十字小綬章を受章。2006年「ニューズウィーク」誌日本版にて、「世界が尊敬する日本人100人」に選出される。庭園デザイナーとしての主な作品に、カナダ大使館、セルリアンタワー東急ホテル庭園など。

主な著書に『仕事も人間関係もうまくいく　放っておく力』（三笠書房）、『禅が教えてくれる　美しい人を創る「所作」の基本』（幻冬舎）、『比べず、とらわれず、生きる』『おだやかに、シンプルに生きる』（以上、ＰＨＰ文庫）などがある。

本書は、2013年2月にＰＨＰ研究所から刊行された作品に加筆・修正したものです。

PHP文庫　「幸福の種」はどこにある？
禅が教える 人生の答え

2022年8月15日　第1版第1刷

著　者　枡野俊明
発行者　永田貴之
発行所　株式会社ＰＨＰ研究所
東京本部　〒135-8137 江東区豊洲5-6-52
PHP文庫出版部　☎03-3520-9617(編集)
普及部　☎03-3520-9630(販売)
京都本部　〒601-8411 京都市南区西九条北ノ内町11
PHP INTERFACE　https://www.php.co.jp/
組　版　有限会社エヴリ・シンク
印刷所
製本所　図書印刷株式会社

ISBN978-4-569-90250-0

PHP文庫

おだやかに、シンプルに生きる

枡野俊明　著

周囲の出来事や自分の感情に振り回されることなく、平常心を保って暮らすには？禅の思想から、おだやかに過ごせる方法を学ぶ。

PHP文庫

人は、いつ旅立ってもおかしくない

枡野俊明 著

深い悲しみのなかで、どう向き合えばいいのか――。禅の教えと著者のエピソードを交えて、「丁寧に生きること」を考える一冊。

PHP文庫

手放すほど、豊かになる

枡野俊明 著

あらゆるモノ・コトは、溢れるとかえって不快になる。いったん身の回りのあれこれを手放して、自分を大切に、豊かに生きることを提案。

PHP文庫

美しく、心地よく、生きる

枡野俊明 著

禅僧が教える、心の疲れをためないヒント集。生きることが楽になるためには？ やすらぎに出合い心地よく生きるための55のヒント。

PHP文庫

比べず、とらわれず、生きる

枡野俊明 著

心配ごとや不安は自分で作っていることに気づいて取り除けられれば、ずっと楽に生きられる。禅語を道しるべに、豊かになる生き方を解説。

PHP文庫

限りなくシンプルに、豊かに暮らす

枡野俊明　著

シンプルに生きるということは、自分にとって大切なものを見極めること。曹洞宗の住職が、清々しく心豊かに暮らす工夫を紹介します。

PHP文庫

50歳からは、好きに生きられる

枡野俊明 著

経験もある50代は少しだけ家族や仕事から解放され、人生の中で最も楽しく輝くとき。自分次第でやり残したこと、夢を叶えられます。